# LA VIDA SON

# 2 PUTOS

# DÍAS

JOSÉ MONTAÑEZ

# La vida son 2 putos días

Diseño de cubierta: © Canva Design

Maquetación: María del Carmen Echaniz

Corrección: Sofía Minguillón

ISBN: **979-87-9034-574-6**

*Dedicado a nuestra mejor amiga.*
*No podemos hablar de ella,*
*sino desaparece.*
*La conocemos desde hace un tiempo incalculable.*
*Nos hemos separado de ella dos 2 putos días.*
*¿Por qué deberíamos temer volverla a abrazar?*
*Te compones de todos nosotros,*
*de lo que fuimos y de lo que seremos.*


*¡Dedicado a ti,*
*mi querida Nada!*

# ÍNDICE

SEGUNDA PARTE

# EXISTES, ¿PERO VIVES?

TERCERA PARTE

# DESPUÉS DE MORIR

CUARTA PARTE

# LA VIDA SON 2 PUTOS DÍAS

QUINTA PARTE

# LA VIDA ES DEL COLOR QUE QUIERAS PINTAR

# INTRODUCCIÓN

Me da miedo empezar este libro y, créeme, si supieras lo que está por venir estarías realmente acojonado de empezar esto que tienes en tus manos.

Se ha hablado mucho del presente, se han escrito libros increíblemente buenos. Pero ¿se vive realmente en el presente? O, ¿simplemente se ha adquirido más conocimiento y mayor ilusión por vivir en lo único real?

Me explico, si éste no es el primer libro que lees para crecer a nivel personal, seguramente, sabrás que el presente es lo único real que tenemos. El pasado, no existe, son recuerdos. Y el futuro, tampoco existe, son ilusiones. Lo que quiero decirte, es que sí, hay mucho conocimiento acerca del tema. Pero ¿qué porcentaje de todos tus pensamientos crees que se encuentran fuera de cosas que ya han pasado o cosas que van a pasar?

Entonces, ¿cuál es la solución? Pues muy sencillo, poner manos a la obra. Si únicamente miras y contemplas los ladrillos, no vas a construir nada. Es obvio que estudiar y analizar las cosas evitará que te caigas más de lo debido, evitará años de sufrimiento, evitará que te condenes a repetir la historia de otros. Pero ten en cuenta que por mucho que sepas, si no te mueves, no lograrás nada. Me dan risa, y pena a la vez, las personas que leen libros y no hacen nada.

Bueno sí, luego presumen de los libros que han leído y si los escuchas parecen inteligentes o que controlan. ¡Y una mierda! Deja que los hechos hablen de las personas. Leer libros y pensar que eres mejor es una falsa autoestima. Es como si lees las instrucciones para montar una barbacoa y te quedas mirando. Puede que tengas los huevos en la sartén, pero te falta el fuego de la vida, la llama viviente.

Y, ¿por qué te cuento esto? Porque este libro, no solo va a ser teoría, no solo van a ser letras que se esfuman en el viento de tu cerebro. ¡Aquí habrá práctica! En este libro encontrarás el fuego de la vida, mi querido amigo lector.

Todos los que habéis leído mi Best Seller; «*ESPABILA DE UNA PUTA VEZ*», sabéis muy bien que el libro tiene práctica que te pone a prueba, práctica que te saca de tus casillas y te hace crecer. Y de esto se trata. Entonces, ¿hay algún problema? Sí. ¿El qué? Pues que algunos retos que leerás en este libro, yo nunca los he hecho, me dan miedo y sé que, si sigo escribiendo, los tendré que hacer.

Es obvio que tengo que ser un ejemplo ya que tú estás confiando en mí para aportar valor a tu vida y poder crecer. No quiero ser de esos que solo leen y no hacen nada, no quiero ser un farsante. Por eso, aunque tenga miedo, lo haré con miedo. ¿Por qué? Porque siento mayor bienestar cuando me supero, cuando me atrevo a hacer cosas que me ponen a prueba. Y sí, antes de hacerlo, es muy difícil no tener miedo, no sentir inseguridad, angustia... Pero será muy poco tiempo de sufrimiento en comparación a toda la gloria que tendrás luego. Luego se te olvidará todo, incluso estarás dispuesto a repetir.

La pregunta es, ¿hasta dónde estás dispuesto a llegar? Si vienes en el plan de: *"A mí si me gusta pues lo haré, pero no te aseguro nada"*. Mi querido amigo, tal y como dije en mi anterior libro... para hacer las cosas mal, mejor cierra este libro que estás sosteniendo y regálaselo a otra persona.

¿Merece la pena todo esto teniendo en cuenta que sí o sí nos vamos a morir? Una pregunta demasiado interesante para responderla tan pronto. Como avance, te diré que la respuesta es más compleja de lo que parece. Hay muchas teorías y todas son verdad. Lo que sí te puedo decir, es que este libro te va a producir momentos que te hagan sonreír, gritar, reír a carcajadas, sentirte tan libre como un pájaro, toda tu cara reflejará lo que estarás sintiendo por dentro, un placer y una sensación de bienestar mágica, vas a espabilar de una putísima vez. Para ello, como es obvio, vas a tener que pagar un precio. De entrada, leer, cuestionar y crecer, se va a convertir en un viaje alucinante para ti. Vas a poder ver tu vida, la de los demás y el mundo entero con otros ojos. ¡Es alucinante cuando uno aumenta su nivel de consciencia! Pero, además, vas a tener que romper muchas barreras que tienes delante de ti, barreras que te impiden disfrutar de la vida mucho más. Y para eso, vas a tener que volver a cuestionar todo, porque posiblemente, ahora tu discurso sea este: "Yo soy valiente, pero no soy tonto. Si algo tiene peligro no lo voy a hacer, valoro mucho mi vida y no la quiero perder". En cierta manera, esta frase está muy bien, te puede proteger y salvar la vida, pero también te puede limitar y no permitir que vivas tu única vida al máximo y te pierdas esos momentos mágicos.

Ahora tranquilo, respira. Poco a poco cuestionaremos todo, vamos a filosofar, a pensar mucho, a meditar sobre temas concretos. ¡Aquí vamos a crecer! Será algo fantástico y maravilloso, sí. Pero ya te digo, también habrá retos que te pondrán entre la espada y la pared, retos que, si los piensas mucho, no te atreverás a hacerlos. Cualquiera te diría: "No pienses mucho y hazlo". Pero, sin duda, lo mejor es pensar, cuestionar, aprender, ser más consciente de lo que haces, saborear el presente y cagarte de miedo si hace falta. En muchos casos, ser más consciente implica más miedo. ¿Conoces esa frase, ojos que no ven, corazón que no siente? Muy bien, pues yo quiero que abras bien los ojos, que sientas todo y luego, aunque te tiemblen las piernas, que lo hagas. La vida es lo único que tenemos y tú, ¿quieres hacer las cosas con los ojos cerrados? No.

¿Y si muero hoy? Ya sé que es poco probable y no me quiero adelantar en el libro, pero ten muy en cuenta que en el mundo unas 150.000 personas van a morir hoy, esa es la media, y tú podrías ser una de ellas.

Podría terminar esta introducción con algo bonito como... La vida se te esfuma, ¿a qué estás esperando? O algo como... ¿A qué coño estás esperando para empezar a vivir y cumplir tus sueños? Bueno, no sé si es bonito, pero si es directo. La cuestión, todo lo que yo diga aquí puede ser una verdad o una mentira. De hecho, todo lo que postulan los más grandes filósofos son opiniones humanas. Por tanto, aquí no hay nada que sea puro o no hay verdades absolutas. Todo esto que voy a escribir, puede ser una auténtica mierda o puede ser un manjar a tu paladar. Te puede ayudar o llenar de rabia, dependerá de ti. Con esto, quiero quitarme protagonismo, esto no es un libro mágico, yo no soy un profeta ni ningún sabio. Simplemente, soy tu amigo y es como si estuviéramos en una bonita terraza, charlando acerca de la vida. Ambos nos podemos equivocar o sacar conclusiones que nos fascinen.

Bienvenido a mi mundo, y a la vez, a tu mundo, ya que eres tú el que ahora mismo estás pensando esto y procesándolo todo en tu cerebro. Espero que este viaje sea alucinante para ti y te haga llegar a un puerto espléndido y muy lejano. ¡Oix, qué monada, qué bonito me ha quedado! ¡Coño ya! ¡Espabila de una puta vez y sé consciente que, a lo mejor, no podrás acabar este libro! ¿Por qué? Porque a lo mejor mueres en una hora, esta noche o mañana. Así es la vida mi querido amigo. ¿No te gusta? ¡Te jodes! Lo que si te conviene es espabilar, ya que tú como la mayoría de los humanos, no somos conscientes que, verdaderamente, un día vamos a morir y aún te queda mucho por lograr en esta vida o no, depende tu necesidad.

Puede que seas de los típicos que dice: *"Yo no tengo miedo a la muerte. El día que llegué, llegará"*. No tienes ni puta idea de lo que es meditar acerca de la muerte, no tienes ni puta idea de lo que es ser, realmente, consciente de que un día vas a dejar de existir por siempre. No tienes ni putísima idea de lo que es entrar en un vacío existencial y no ver sentido a nada.

Este libro puede ser un tanto peligroso porque tocaremos temas "tabú", temas delicados (según mentes muy estúpidas). Te aseguro que, si lees este libro por completo y haces todos los retos, vas a ser más consciente que nunca, te vas a sentir más vivo que nunca. Te va a gustar la muerte, la vida y, por supuesto, vas a tener muchas más ganas de vivir, de comerte el mundo y devorarlo con la boca bien abierta. Y al que no le guste, pues te lo comes. ¡Qué hubiera leído libros!

*Antes de nada:*

*Dedica unos minutos a responder estas preguntas. Es muy importante que lo hagas ahora, antes de continuar. Al final del libro (no lo mires ahora que nos conocemos), descubrirás el por qué.*

| Preguntas | Respuestas |
|---|---|
| *Para ti, ¿qué es la muerte?* | |
| *¿Cómo me sentiría si supiera que voy a morir hoy?* | |
| *En verdad, ¿tengo miedo a la muerte?* | |
| *¿Qué hay después de la muerte?* | |
| *¿La muerte es importante para la vida? Razona tu respuesta.* | |

_Recomendaciones:_

- _Resumir las partes que te resulten más atractivas del libro. Así estarás más concentrado en la lectura y, posteriormente, podrás repasar lo que te ha aportado mayor valor._

- _Escuchar una música que te inspire, puede ser maravilloso y esencial para concentrarte. La música debería ser instrumental, sin voces y a poco volumen, para no desconcentrarte._

- _No tengas prisa por leer el libro. Trata de entenderlo todo muy bien, no leas por leer. Si algo no lo entiendes, vuelve a leerlo y profundiza sobre ello._

- _Las recomendaciones son importantes, no son solo para leerlas y que te la sude todo._

_A lo largo de todo el libro, hago más uso del artículo ÉL._

_Simplemente, es la forma habitual con la cual me comunico._
_Más adelante, hablaremos acerca de las costumbres e imposiciones sexuales._

_Quiero que quede claro y que se sobreentienda, que siempre me estoy dirigiendo al ser que posea este libro en sus manos, ya sea una persona o un extraterrestre._

PRIMERA PARTE

# ANTES DE
# NACER

# Introducción PRIMERA PARTE

¡Qué curioso es el ser humano! Se piensa que con tan solo 100 años que va a estar en la Tierra, ya es el centro de todo, el centro del universo, lo más importante. Bueno, 100 años si te cuidas como muy pocos y tienes suerte.

Cuando estoy en una cueva llena de estalactitas y estalagmitas, de más de 25 metros de longitud, donde ha sido necesario más de 250 milenios para ver esa obra de arte, esa obra de la evolución, donde todos mis sentidos se escapan, me quedo con la boca abierta, el corazón encogido y digo: *"¡Woooooow!"* Lo digo muy bajito, como si tanto esplendor me quitara la fuerza y la razón, me siento más pequeño, me siento como una mierdecilla ante la inmensidad de la vida, de la galaxia y ahora viene cuando me parto de risa. ¿Por qué? Me dan risa, y lástima a la vez, los humanos que se piensan que son lo más importante de la Tierra.

¿Y no debería de ser así José? ¿Cómo humano que eres no deberías de proteger a los de tu misma especie? Posiblemente sí. Pero ¿quién te dice que un león no es más importante que un humano? Y, ¿quién te dice que un árbol que vivirá cientos de años no es más importante que un humano? Todos venimos del mismo lugar, de la Tierra. Todos somos fruto de millones de años. Todos venimos del mar, del inicio de la evolución. ¿Por qué una gota de agua ha de ser más importante que otra? ¡Puta ignorancia! ¡Putas fronteras!

¿Por qué hay que dividir el mundo que es de todos? Llevo años pregonando que no me siento de mi país, tal y como me quieren inculcar. En todo caso, me siento de la galaxia y ni sé de dónde me siento y lo que hablo. ¡No tengo ni puta idea, a veces, de lo que hablo! Pero ahí, mi amigo, es cuando más crezco porque hablo fuera de imposiciones inconscientes. ¡Qué asco dan las personas que se creen demasiado sin haber abierto un puto libro en su vida! ¡Qué impotencia ante esas personas que no saben devorar libros, que no saben quiénes son, que se llenan de mierda ellos solitos, que sufren y contaminan demasiado la Tierra y al resto de humanos!

¡Qué penita me dais los que pensáis que el sentido de la vida se haya en un solo libro, el libro de tu religión y no tienes en cuenta que hay miles de religiones! Tampoco tienes en cuenta que ese libro se escribió hace miles de años, se actualizó y perdió información hace cientos. Pero mi pequeño saltamontes, la Tierra lleva millones y millones de años en evolución. ¿Por qué centrarse solo en un par de miles de años? ¿Por qué centrarse solo en tus 80 años? Tú no eres la vida, tú estás en la vida. No hay nada más importante que todo, pero si un día quieres ser lo más importante, para mí, tú ya no eres vida.

# CAPÍTULO UNO

# La nada

*"Nada es más real que la nada".*

— Samuel Beckett —

Antes de nacer dónde estabas? La mayoría de las culturas asumen que no existíamos antes de nacer. ¿Y no será lo mismo al fallecer? Hombre, hay una gran diferencia. El pasado (antes de nacer), nos la repampinfla un rato ya que no lo vamos a volver a vivir y por mí, como si me dices que antes sobrevolaba los cielos en un dinosaurio rosa. Lo importante es si estoy bien ahora y si estaré bien luego.

Entonces, después de la muerte, ¿existiré? Puedes pensar lo que quieras. Digamos que sí existirás y que, además, estarás en un lugar precioso, con tus seres queridos, las calles de oro, asientos con masajes por todos lados, monos metiéndote uvas en la boca... Puedes creer eso o lo que te venga en gana. Aunque la lógica, a primera instancia, nos dice las cosas muy claras. En la Tierra tenemos "vida" y antes, que no estábamos en la Tierra, no había vida. Pues es de cajón pensar que después de la muerte, ya no estaremos en la Tierra y, por tanto, tampoco habrá "vida". Pero como te cagas de miedo, te inventas una película y así vives más feliz. ¡Aplauso para ti! ¡Oleeeee los albaricoques! Sí, me lo tomo a risa y cachondeo pero que conste, que es un tema muy serio y da mucho de qué hablar.

En verdad, me he adelantado un poco, pero me ha servido para que entendamos mejor el concepto del que vamos a hablar. ¿Qué es la nada? ¿Se puede definir y explicar? Pero si no hay nada, si no es nada... ¿Cómo podemos hablar de ello? ¿Solo por pensar en ello no sería algo?

Puede que te preguntes, ¿hay necesidad de hablar de la nada, no sería perder el tiempo? Es verdad que no está relacionado, directamente, con nuestro presente, pero pensar en la nada y otros temas profundos, nos puede preparar la mente para responder preguntas existenciales que nos liberen de creencias limitantes y, por ende, podamos ser un poco más libres, un poco más felices.

La nada se puede entender como el concepto de cuando buscas algo encima de la mesa y no lo encuentras; *"No lo encuentro, aquí no hay nada"*. O bien, lo puedes ver como un tema profundo y filosófico que trata de acercarnos a las respuestas que el ser humano lleva haciéndose desde siempre, porque como bien sabes, encima de la mesa hay aire, presión atmosférica y muchísimos microorganismos, entre otras cosas.

¿De qué preguntas estamos hablando? Pues de las típicas preguntas que nos da pereza pensar y profundizar. Lo vemos como un rollo patatero y podemos sentir que perdemos nuestro tiempo pensando en estas chorradas.

- ¿Cuál es el sentido de la vida?
- ¿Cuál es el secreto para ser feliz?
- ¿Somos buenos o malos por naturaleza?
- ¿Existe la justicia?

- ¿Hay vida después de la muerte?
- ¿Dios existe?
- ¿Qué había antes del Big Bang?
- ¿Podría ser infinito el Universo?
- ¿Por qué hay algo en vez de nada?

Pues bien, por culpa de no saber responder estas o muchas otras preguntas, hay personas que llevan su propia vida a contracorriente, viviendo en contra de su propio ser, hasta que no aguantan más y se matan. Así de drástico y así de real. Nadie te obliga. Puedes tirarte al río de la masa de personas y ser uno más o ir en contra de ellos. Yo te recomiendo quedarte en la orilla, contemplar y pensar por unos instantes. Se reirán de ti, pero ellos no saben que tú estás a punto de evolucionar.

La misión de este capítulo titulado "La nada", es reflexionar sobre qué había antes de la Tierra, cómo se ha formado, cómo hemos llegado hasta aquí... Te interese o no, son temas importantes para aumentar tu nivel de conciencia y poder entender mejor todo lo que vamos a hablar en adelante.

## Mi querida amiga Nada

¿Qué sentido tiene la vida? ¿Por qué estoy aquí si yo no he elegido nacer? Muchas personas no querrán plantearse estas preguntas, tienen muchos quehaceres. Quizás, tendrás que hacer la colada, estudiar para el examen de mañana, ver un capítulo más de tu serie, ir a jugar a pádel, tu cita de esta noche... Pero ¿cuándo vas a empezar a **vivir**?

*"La vida está entre dos cosas que no existen".*

— Helen Keller —

Si no entiendes la frase, no te preocupes. Entenderás la frase más adelante, por ahora, te diré que una de esas dos cosas es cuando tú aún no habías nacido. Una de las "nadas". Somos como un puto bocadillo. El relleno eres tú, la supuesta vida. Y las rebanadas de pan son las "nadas". Somos como un experimento. Pero tranquilo, no te quiero agobiar ni quiero que filosofemos tanto con tan poco libro que llevamos. Pero debes tener en cuenta que, si quieres superarte, aumentar tu nivel de consciencia, hacer realidad tus sueños y tener una vida apasionante; vas a tener que pensar mucho.

Un ejemplo rápido y muy importante. ¿No te ha pasado alguna vez que piensas, dónde está el inicio de todo? Los creyentes lo tienen más fácil: DIOS. ¿Y quién creó a Dios? ¿Él mismo? No, él siempre ha existido, nos quieren hacer creer. Nos dicen: *"Tú mente es limitada y no puede comprender tal magnitud. Olvida este pensamiento y ponte a rezar 800 horas para olvidar"*. ¡Me cago en la hostia! Así crían a muchos jóvenes que luego lo pasan putas en la vida. Luego, la gente, se ríe de ellos, no son avispados, no saben defenderse, viven en una película con miedo a despertar, a ser ellos mismos y con miedo a **vivir**.

El párrafo anterior, lo he escrito con lágrimas en mis ojos y si te lo digo es porque quiero que seas consciente que este capítulo es un tema importante. Tú eres parte del cambio y nunca olvides esto...

*"Aunque nada cambie, si yo cambio, todo cambia".*

— Marcel Proust —

Bien, entonces, ¿no hay inicio? Tú existes gracias a tus padres, ellos gracias a tus abuelos y así podríamos escribir el libro entero. Jesús existe gracias a María (sin espermatozoide, claro). Nuestros antepasados provienen de generaciones de humanos muy diferentes, fruto de la evolución. Así podríamos llegar a los animales, el agua, las circunstancias oportunas, el Big Bang, el Sol... Pero ¿y antes de todo esto? A nuestra mente humana le gustan las explicaciones y estamos acostumbrados a que todo tenga un inicio y un final, ya sea que lo vean nuestros ojos o sepamos los datos que nos han dicho los expertos.

Pero ¿cómo empezó todo? Mi mente es incapaz de seguir viajando hacia atrás y no encontrar un punto en el que apoyarme.

¿Dónde está el límite? ¿Cómo es posible? Pues aquí es donde entra en juego la **nada**. Parece que este tema comienza a ser algo más interesante.

Vuelvo a preguntar, ¿realmente se puede pensar en la nada? Aparentemente sí, pero si eres capaz de pensar en ello, ya se convierte en algo. Por tanto, aparentemente, también sería correcto decir que es imposible pensar en la nada.

Imagina que ahora deseas recrear la nada y decides sacar todos los muebles de tu habitación. Si hicieras eso, aún seguiría habiendo un suelo, paredes, techo, alguna hormiga, el aire y hasta tú mismo. Vale, ahora tratemos de imaginar el espacio, la astrología. ¿Se podría representar mejor cómo la "nada"? Pues tampoco, porque el espacio está compuesto por los planetas, las estrellas, las galaxias, las nubes de polvo cósmico, la luz e incluso "el tiempo". El espacio también está lleno de radiación (por ejemplo, luz y calor), campos magnéticos y partículas de alta energía. En definitiva, ¿existe la nada?

Trata de cerrar los ojos por un momento y pensar en la nada. Cierra los ojos durante 30 segundos y vuelve aquí. No sigas leyendo. ¿Ya lo has hecho? Bien, ¿te das cuenta de que no eres capaz de pensar en la nada sin convertirlo en algo? Quizás habrás visto luz, habrás pensado algo que has hecho hoy o ayer, te habrás detenido a escuchar algún ruido... Sé que esto es un tema, aparentemente, simple y que no hay muchas vueltas que darle.

Pues, ¿sabes qué? Hay personas que han dedicado su vida entera a pensar en la nada. Increíble, ¿verdad? Son las típicas mentes que diríamos... ¡Vaya loco! ¡Ha desperdiciado su vida y no ha disfrutado del presente! Te entiendo y en cierta parte te doy la razón, aun así, también tienes que entender que gracias a personas así, hoy en día, podemos disfrutar de muchos avances en la forma de pensar, en la salud, tecnología, infraestructuras, calidad de vida...

Entonces, podemos sacar en conclusión que antes de venir al mundo, tú eras la nada. Pero ahora eres algo y, por tanto, no es posible pensar en la nada. También, sabemos que un día moriremos, la mayoría lo asume, pero no vive siendo consciente de ello. Todos tenemos una ligera idea de que un día moriremos y nos convertiremos otra vez en la nada.

Como ahora eres algo, tienes "conciencia" y una mente limitada. No quieres soltar y no quieres aceptar que un día te convertirás en la nada. Tu mente que necesita límites no es capaz de comprender cómo te vas a convertir en algo que no existe de manera infinita. ¡Es un caos mental! Pero has de tener en cuenta que vienes de ahí, ya has estado ahí. Has sido parte del infinito hacia atrás. Pero eso nos la suda, sí, nos la repampinfla porque es el pasado. ¿Qué más me da el pasado en este instante? Y claro, pensar que un día me convertiré en el infinito hacia adelante... ¡La madre que me parió! No entender esto a la perfección, entender que estamos condenados a vivir entre dos cosas que no existen... Pues nada, la solución es que hagamos cine, Dios existe, calles de oro, eternidad en el cielo, vivitos, coleando y riendo todo el día.

No pretendo ofender a nadie. No pretendo imponer mis creencias. De hecho, no tengo creencias absolutas, soy un libro en blanco, un producto sin terminar... La verdad, yo no tengo ni puta idea de lo que hay después de la muerte, porque aún no he estado allí y nadie ha regresado de los muertos para que nos lo pueda contar hoy. Por tanto, todo es posible y toda creencia es válida. Yo te estoy hablando de la manera más directa que puedo, sin llegar a faltar el respeto y de la manera más sensata que considero. ¿Para qué? Para evitar años de sufrimiento, años de doble vida, años de imposiciones, años de esclavitud, años que nunca recuperarás...

Más tarde, entraremos en profundidad acerca de las religiones. Hablaremos (desde la experiencia y no desde la teoría) de los patrones mentales acerca de las creencias que radican en escrituras religiosas y como estas se incrustan en nuestra mente dentro de las comunidades. Si eres creyente, aparte de sentirte ofendido, puedes pensar: *"¿Y si dejo este libro aquí?" "No quiero que me siga haciendo dudar, esto es obra del mal, no me conviene..." "Este escritor no sabe lo que es sentir la presencia de Dios, verdaderamente nunca ha sido tocado por Dios, él no se da cuenta, pero el demonio lo está usando para hacer el mal".*

Déjame decirte que como ser humano que eres, hacerte dudar es lo mejor que pueda realizar para que crezcas mentalmente. Nadie logra cosas interesantes sin dudar y fallar muchas veces. Además, si yo soy tu enemigo, no hay mayor sabiduría que conocer muy bien las tácticas de tu oponente. Así tu irás con ventaja. Ahora en serio, deseo con todo mi "corazón" que te atrevas a navegar en esta travesía y que juntos podamos aprender e intercambiar palabras, emociones y formas de ver las cosas. Nunca se pierde, siempre ganas algo. Siempre aprendes en este camino llamado vida. Y déjame decirte, que si estas palabras inventadas por un ser humano rompen tus creencias inventadas por otro ser humano; pues maravilloso. Tendrás más espacio mental para llenar en tu nueva y apasionante vida. ¿Aunque si rompes una creencia, no estás implantando otra?

La cuestión es, ¿acaso tienes miedo a quedarte solo, desnudo, sin filtros, sin máscaras, sin creencias, sin nada...? Pues en esto mismo te vas a convertir y yo, simplemente, te voy a ayudar a ser más consciente para que puedas **vivir** mucho mejor aquí y ahora.

Todos sabemos que nos morimos, es una putada, pero es así. En verdad, si te fijas, todos nosotros entendemos que existimos porque comprendemos que un día todo esto se acabará.

*"La muerte da sentido a la vida".*

— Lao-Tse —

Una pregunta, ¿la muerte es un hecho o es una creencia? ¿Cómo sabemos que nos morimos? Si te fijas, nadie vive su propia muerte. Vemos como mueren otras personas y por eso creemos (creencia que convertimos en hecho) que nosotros también moriremos. ¿Y si tú eres inmortal? Puedes pensar... ¡Vaya pregunta más estúpida! Pero no, aquí no hay preguntas estúpidas. Por muy simple o infantil que parezca, si pones interés, puede convertirse en una conversación muy interesante, de mucho debate y con mucho aprendizaje.

*"Cuánto más cuestiones a la vida, más vas a soltar.*
*Por ende, más libre y feliz serás".*

— José Montañez —

¿Te has preguntado alguna vez que pasaría si fuésemos inmortales, que nuestra vida fuera infinita? Lo más probable es que nunca hicieras nada, porque siempre habría tiempo. ¿Cuándo sería el momento perfecto para estudiar? Pues de aquí a 1.000 años, quizás de aquí a 3.000 millones de años o un número que no sé ni calcular, por eso es infinito. Es por eso, que la muerte da sentido a la vida. Gracias a que sabemos, por otras personas, que un día vamos a morir, nos movemos, hacemos cosas, tratamos de soñar y avanzar. El puto problema, algo que trabajaremos mucho en este libro, es que las personas no son lo suficientemente conscientes de que un día van a morir, viven como inmortales y eso provoca que desperdicien su tiempo.

Debes tener muy en cuenta que hablar de la muerte es magnífico, no lo veas como un "tabú". La muerte, por increíble que parezca, es lo más cercano a la vida y es lo que te ofrece mayor libertad, ganas de vivir y felicidad.

En 1654 el inventor y político Otto Von Geuricke, decidió tratar de hacer un experimento. Construyó dos grandes mitades de una esfera de bronce del tamaño más o menos de una pelota de basquetbol, engrasó los bordes y las presionó para que se pegaran. A través de una válvula, extrajo todo el aire con una bomba, creando su vacío. Luego, caballos amarrados a las mitades halaron en direcciones opuestas tratando, sin éxito, de separar la esfera de metal. Finalmente, Von Geuricke, abrió la válvula para que entrara aire y las dos mitades de la bola se separaron con facilidad, refutando, finalmente, la idea de Aristóteles de que la naturaleza aborrece el vacío.

¿Qué pasó en esa gran demostración? Cuando sacas el aire a la esfera, tienes el peso de la atmósfera presionando por fuera pero ya no hay una fuerza equitativa presionando desde dentro, con lo que se conoce como los hemisferios de Magdeburgo. No te aburras que este tema concluirá rápido.

El problema fundamental es que, aquí en la Tierra, hay demasiadas cosas en el aire. Unas 10 millones, de millones, de millones, de millones de partículas por metro cúbico, de manera que, aunque hagas vacío y saques 10 millones, lo que queda, no es la nada. Pero ¿qué tal dentro de un átomo? Hay mucho espacio vacío en cada uno de ellos. Pero claro, en ese caso te encuentras con la mecánica cuántica. Uno de los aspectos de la mecánica cuántica es que incluso cuando no tienes absolutamente nada, sigue habiendo algún nivel de energía, señala Pontzen. La física cuántica nos dice que algo puede aparecer de la nada y el campo de Higgs le da a ese algo masa, creando todo lo que conocemos.

En conclusión, mi querido amigo lector, hoy en día, no hay nada que podamos considerar la **nada**.

*"Nada sólo puede existir si no hay nadie para pensar en ella".*

— Anónimo —

## ¿Cómo es posible?

Bien, en algún momento mediante procesos cósmicos se fue creando lo que hoy en día conocemos como la Vía Láctea. Es nuestra galaxia. En uno de los brazos de esa galaxia se condensó una estrella, nuestro Sol, hace unos 4.540 millones de años. A su alrededor se formaron, girando, diversos cuerpos, entre ellos nuestro planeta, la Tierra. En su origen, la Tierra era una masa incandescente. Lentamente, esa bola se fue enfriando y adquiriendo una forma similar a la que hoy conocemos. Aunque los cambios en esas primeras épocas debieron ser más bruscos y abundantes, la Tierra no ha dejado de evolucionar, y lo sigue haciendo.

La pregunta del millón es y seguirá siendo: ¿quién creó la galaxia? O, mejor dicho: ¿quién creó los millones de galaxias y el universo? ¿Cómo empezó todo? Pues bien, nadie que ha pisado esta Tierra, ningún científico o experto puede dar una respuesta totalmente cierta, porque nadie lo sabe con exactitud, a pesar de haber estudios en base a millones de años atrás, en los mejores laboratorios y quebraderos de cabeza. Pero hay una excepción; los creyentes. Siempre ha habido personas supersticiosas, que creaban sus propios Dioses y bueno, los creyentes de la actualidad, en base a su libro escrito hace un par de miles de años, te pueden dar respuestas a estas preguntas con total convicción.

Pero ¿cómo surgió la vida? Pues simplemente cuando todo fue evolucionando, cuando se dieron las condiciones apropiadas. La materia va cambiando y de repente, ante una reacción química determinada, se crea otro proceso, otro microorganismo y así sucesivamente. Has de pensar en miles de millones de años. Parece magia, ¿verdad? ¿Y no te parece más mágico que un supuesto Dios lo cree todo en 7 días? Obvio que hay que respetar distintas opiniones. Pero, también es obvio que, todo se puede cuestionar, porque solo aquel que cuestiona importándole una real mierda lo que luego opinen los demás, es quien puede avanzar.

¿Y cómo apareció el ser humano? ¿Apareció o evolucionó? Piensa que primero fueron simples compuestos orgánicos, después organismos unicelulares, más tarde aparecieron los pluricelulares, vegetales, animales, etc. Este proceso evolutivo sigue ocurriendo hoy en día, pero nuestra vida aquí en la Tierra es una miserable mierda pinchada en un palo. ¿Por qué? Porque no vivimos apenas nada, para darnos cuenta de cómo evolucionan las cosas, por eso nos cuesta creer y tenemos pereza para estudiar. Lo más sencillo es inventar y me tiro al sofá. ¡Joder, espabila! Hace unos 4.000 millones de años ya había moléculas capaces de replicarse o clonarse; en definitiva, reproducirse, la base de la vida.

No sé si esto te parece mucha o poca información, si te parece algo normal o algo exagerado. Pero insisto, tener un buen conocimiento acerca de estos temas es crear una buena base para soportar bien todo lo que se avecina en este libro. Por eso, en el capítulo cuatro, podrás profundizar un poco más y crear una base más sólida. ¿Estás preparado?

CAPÍTULO DOS

# Magia putagia

*"La literatura es magia, es aparecer entre la gente sin estar físicamente, es entrar en las "almas" sin tener que tocar la puerta".*

— Doménico Cieri Estrada —

A ntiguamente la gente era mucho más supersticiosa. Quemaban a supuestas brujas, tenían miedo de las maldiciones, se creía mucho más en lo paranormal e incluso, la magia era real. Es obvio, no había tanto estudio ni tanta formación. Todo era mucho más limitado y era fácil engañar. ¿Pero esto no sigue sucediendo hoy en día? Claro, simplemente son diferentes leyes, trampas y engaños. Como vamos avanzando, las cosas del pasado nos parecen ridículas.

Como, por ejemplo, un truco de magia donde alguien hace que se come bolas rojas. Antiguamente, la gente pensaría: *"¿Dónde las tiene? ¡Es imposible! Quizás se las come de verdad y luego las vomitará, ¡vaya loco!"* Hoy en día, nadie diría eso. Simplemente sabemos que es un espectáculo para pasárselo bien y somos conscientes de que toda magia tiene su truco.

Ahora bien, ¿qué pasa con las cosas de la actualidad? Pues que sigue ocurriendo lo mismo que en el pasado. Muchos piensan que hay cosas mágicas que no tienen explicación y entonces se las inventan para sentirse estables y mejor. Pero, aquí viene lo bueno... siempre hay gente que va un poco más allá y quiere aprender, cuestionar, estudiar y avanzar. Este tipo de personas sí encuentran explicaciones. Pero para muchos, son como los brujos, los frikis, listillos, sabelotodo, mentirosos... Después de un gran esfuerzo y una larga transición, se convierten en héroes y la gente quiere todo lo que inventan.

*"Toda magia tiene su explicación o la tendrá".*

— José Montañez —

Parece una frase simple y lo es. Hoy en día, hay cosas que no tienen explicación, problemas sin solución... Pero todo de forma aparente, porque lo que hoy parece mágico, mañana, quizás, tendrá su explicación y callarán muchas bocas.

¿Qué piensas de qué un tomate salga de la tierra así sin más? Piensa que es un montón de tierra y de ahí, sale un tomate rojo y jugoso. En un primer momento puede parecer magia. Habrá quien piense que por las noches viene el Ratoncito Pérez o la madre que lo parió con un tacataca y pone ahí el tomate. Otros entienden que es un proceso de semilla a fruto que lleva su tiempo. Vuelve a leer la frase anterior, por favor. ¡Lleva su tiempo!

Si una persona no cree en la evolución es imposible que crea en la ciencia. Pensará que el tomate se ha puesto ahí con un chasquido de dedos, por arte de magia. Luego están los típicos creyentes que se quieren modernizar y te dicen: *"Te voy a demostrar como Dios existe en base a ciencia".* ¡Pobrecitos! Lo que hacen, es creerse lo que dicen para transmitirlo con confianza y seguridad, esto es la clave para adoctrinar. Y luego, sueltan datos y estadísticas que pueden ser interesantes y eso muestra profesionalidad y seriedad, pero no lo vincula con ninguna verdad, ninguna prueba real de que Dios pueda existir.

¿Por qué personas espirituales se meten en la ciencia? Porque el mundo sigue evolucionando y, cada vez, hay más personas que se van hacia la ciencia. Entonces, como se les acaba el chollo, tienen que modernizarse y hacer algo. Tal cual como la lucha entre grandes empresas.

Es sencillo entender por qué hay personas que no logran creer en la evolución de las cosas. Fíjate, vivimos aquí 80 años más o menos y pensamos que estos años, lo es todo. Y en verdad, 80 años es una auténtica y real mierda, es un putísimo instante, se podría redondear a un tiempo infinitamente pequeño, a la nada. No tenemos tiempo para ver cómo evolucionan las cosas en gran medida.

*"El infinito está en lo finito de cada instante".*

— Proverbio Zen —

Y tú, ¿en qué grupo estás? ¿Piensas que un tomate viene de un chasquido o de un proceso evolutivo? O, mejor dicho, ¿estás dispuesto a seguir aprendiendo, a seguir cuestionando y no encerrarte en tus cuatro paredes?

# Dichosa evolución

Ahora ha llegado el momento de estudiar, o bien repasar; la creación, la evolución y cómo hemos llegado hasta aquí. No va a ser denso, será algo parecido a si visitaras museos divertidos y alucinantes. Toda esta base es imprescindible para la siguiente parte del libro, por tanto, disfrútalo mucho.

No nos contaron mucho en profundidad acerca de todo esto cuando éramos pequeños. Simplemente, venimos del Big Bang o de Adán y Eva. De la Ciencia o de Dios. De la evolución o de un chasquido de dedos. A pesar de lo que nos dijeran en el colegio, cada uno de nosotros hemos creído lo que nos han impuesto nuestros padres. Hemos adquirido las creencias que ellos han querido y ni tan siquiera nos preguntaron si queríamos creer también, que opinábamos, que nos gusta... ¡Toma! Condenado a creer esto porque eres mi hijo y tú eres mío. ¡Animales egocéntricos! Pero, así fueron criados ellos, tus padres. No tienen culpa o sí. La única culpa que les podemos reprochar es no hacer lo que tú ahora mismo estás haciendo; **pensar**.

Creo que es un camino de victoria cuestionarse todo y tú, estás marcando la diferencia, en este juego llamado vida. Posiblemente, estarás rompiendo una cadena de generaciones que no quieren pensar y, por tanto, que no quieren avanzar y descubrir escalas más grandes de felicidad.

¿Quién es Adán y Eva? Según la Biblia (un solo libro de miles de millones que hay), son los primeros habitantes de la Tierra que fueron creados por Dios al sexto día. ¿Quién creó a Dios? ¿Snoopy, María Teresa de Calcuta? Pues no. Nadie creó a Dios, siempre ha existido. Si no lo entiendes, te jodes. Sigue rezando y a lo mejor lo entenderás. Suena duro, lo sé. Pero más duro es llevar una doble vida durante años, sin poder ser tú, sin poder ser libre y disfrutar de esto que estás viviendo. Esos años de incertidumbre, angustia, presión, miedo... no los recuperarás jamás. ¡La gente tiene que abrir los ojos!

¿Qué es el Big Bang? Según teorías astronómicas, fue una gran explosión que ocurrió entre 10.000 o 20.000 millones de años atrás y permitió que el universo, que estaba concentrado, denso y a alta temperatura; se expandiera tal y como lo conocemos. Hoy en día, sabemos que sigue expandiéndose y que la evolución no cesa. Por tanto, nos hace pensar que esta teoría, a pesar de que posiblemente no sea tal cual explican o argumentan, es la más lógica y sensata sobre la creación del universo ya que, si no nos fijamos en nuestros putos 80 años, todo esto se traduce en **evolución**.

Ahora bien, ¿qué o quién provoco la gran explosión? Hay teorías que parecen absurdas y aburridas, pero detrás, hay muchas horas de estudios y cálculos matemáticos. Una teoría para el Big Bang, podría ser un espejismo tridimensional de una estrella que colapsó en un universo radicalmente diferente al nuestro. ¿No lo entiendes? Yo tampoco. Si te interesa el tema lo buscas por internet. ¿Por qué no profundizo? Porque se cree que el Big Bang comenzó con una singularidad espaciotemporal; un fenómeno en donde se rompen las leyes normales de la física. Algo muy difícil de comprender para la mente humana, pero aun así no perdemos el hilo de la evolución.

Puede que aún sigas pensando… pero ¿cuál fue el inicio de todo? ¿Qué es lo primero de lo primero? Pues no se puede saber con exactitud. Aun no podemos entender porque nuestro universo, lleno de millones de galaxias, estaba compactado en un solo punto. No sabemos si una estrella o un hipopótamo (sí el animal) de un universo paralelo afectó al nuestro. Pero ¿y de dónde viene nuestra primera materia o energía? Son preguntas interesantes pero difíciles de responder. Ahora bien, estamos hablando de 10 o 15 mil millones de años atrás o incluso más. Es normal que no podamos responder bien a las preguntas, pero cuando vamos quitando años y nos vamos acercando a la actualidad, cada vez más, las teorías son más acertadas y exactas. Insisto, seguimos sin perder el hilo de la evolución, lo que hoy en día sigue ocurriendo en todas las cosas que vemos y conocemos.

Por tanto, este es el camino más sensato a mi parecer. Ahora bien, si tú quieres creer lo que escribieron unos hombres machistas y homófobos, en un libro de hace tan solo 2.000 míseros años, pues estás en tu derecho de hacerlo. Pero no te enfades si luego te llamo Australopithecus.

Has de pensar que, en esa época el ser humano se empezaba a hacerse preguntas importantes. Como no eran capaces de responderlas, por falta de recursos, paciencia… no paraban de crear Dioses y supuestas creencias para solventar sus dudas. Esto es una mentira o una tapadera en toda regla. Es maquillar tu vida y no afrontar la realidad. Ahora bien, ¿niego la existencia de Jesús? En absoluto. Tampoco niego la existencia de grandes visionarios como Buda, Sócrates, Confucio, Steve Jobs... Pero claro, en la época de la que estamos hablando, una persona que, por ejemplo, padecía epilepsia; pensaban que tenía el demonio dentro y mejor no nos imaginamos lo que le harían. Claro, ahora viene Jesús, le pone las manos, se le pasa el ataque epiléptico y ya tenemos a un Dios sanador. Luego escribimos sobre ello, hacemos una película y llevamos el mensaje a todas las personas desesperadas, que necesitan aferrarse a algo para darles sentido a su vida, ya que no saben ser felices desde su propio interior. Finalmente, construyamos la empresa más grande del mundo. Y bueno, hasta aquí por ahora.

Podríamos hablar de las leyes, costumbres, maltratos a quién decide pensar y cuestionar más allá de las normas, de la religión... Creo que con esta información puedes decidir muy bien si un tomate aparece por arte de magia, sin truco y de la nada o mediante un proceso (tiempo) que va de la semilla hasta el fruto (evolución).

## La evolución dice la verdad

Prosigamos para tratar de entender, de forma resumida, cómo coño hemos llegado, los humanos, hasta aquí. Vamos a suponer que el Planeta Tierra ya está formado y tiene una apariencia similar a la que conocemos. Más adelante, en el capítulo 4, veremos cómo fue creada la Tierra y todo lo que conlleva el Universo; esto nos hará entender una grandiosa reflexión.

Sabemos que el ser humano con el paso de miles de años va cambiando, va evolucionando. Al igual sucede con las rocas, estalactitas, los animales, etc. Nos vamos adaptando a nuevos climas, hábitats, formas de vivir... Vamos a poner unos cuantos ejemplos, para que así veas más clara la evolución en ti mismo y puedas, después, comprender mejor el proceso evolutivo de la Tierra y los Seres Vivos.

Por ejemplo, ¿qué pasa con las uñas de tus dedos? Hoy en día tienen utilidad, pero no más que hace 3 - 4 millones de años, cuando nuestros antepasados estaban en la transición hacia seres bípedos y pasaban mucho tiempo entre árboles, dónde están los frutos para comer.

O también, ¿qué pasa con el pelo en muchas zonas del cuerpo humano? ¿Por qué hay zonas que tenemos pelo y otras que no? ¿Te has preguntado por qué no tenemos pelo en las palmas de los pies o de las manos al igual que los monos y más animales? Pues muy sencillo, porque las usamos para trabajar, trepar, caminar... Con el paso de millones de años, se fue modificando la genética y naciendo seres con menos pelo en las palmas, hasta día de hoy. Lo mismo ocurre en otras zonas del cuerpo. Sabemos que el pelo nos protege frente a heridas, frio, partículas del aire (pelos de la nariz), etc. Los humanos llevan mucho tiempo usando pieles, ropa, buen calzado... Incluso, hoy en día, usamos hasta máquinas que purifican el aire. Es de cajón pensar que nosotros vamos modificando la genética. Lo que pasa, es que en 80 años es imposible darse cuenta de esto.

¿Te has preguntado por qué los perros mueven las patas después de cagar como si quisieran enterrar su excremento? En verdad, lo que quieren es remover la tierra y expandir su olor para marcar territorio. Los perros son descendientes de los lobos y esta costumbre aún no se ha ido de nuestros perros domésticos.

Otro ejemplo sería que muchos perros, a pesar de estar solos, cogen su comida del cuenco y se ponen a comer en otro lugar. Esto no se debe a que no le guste su comedero, sino que quiere estar en un lugar más apartado, lejos de otros lobos, otros animales que quieran comer, así evitar peleas y que le quiten su comida.

¿Te has preguntado por qué a mucha gente le quitan las muelas del juicio? Antes los humanos tenían una mandíbula más grande que les facilitaba la alimentación, no había cubiertos para comer ni fogones para cocinar bien. Con el paso del tiempo, el cerebro se ha ido desarrollando y ha aumentado su tamaño. Por tanto, la mandíbula se ha ido reduciendo, ya que hoy en día no necesitamos tanta capacidad para morder y hemos podido dar más espacio a la cavidad del cerebro, con la consecuencia de que el último conjunto molar, no tiene tanto espacio y ocasiona problemas en las encías.

¿Te has preguntado para qué sirve el pequeño pliegue que tenemos en la zona del lagrimal? Se llama pliegue semilunar del ojo y es un vestigio de un párpado adicional llamado membrana nictitante, que todavía se observa en muchas especies de reptiles (como los cocodrilos), mamíferos y aves. La mayoría de los primates, entre ellos los humanos, lo han perdido. La razón puede ser porque usamos las manos para tomar los alimentos en lugar de hacerlo directamente con la boca, lo que hace innecesario proteger tanto los ojos.

Otra curiosidad; el hipo. Antes de relacionar el hipo con la evolución, te pregunto. ¿Eres muy vergonzoso? ¿Te importa mucho lo que opinan los demás? ¿Basas tu autoestima en las cosas externas? Y, entonces, ¿por qué coño no hipeas o estornudas de forma natural? ¿Por qué cuando estornudas te presionas con la mano y te tapas la nariz para no hacer ruido, sabiendo que estás ejerciendo una presión que no es buena en el interior de tu cuerpo? ¿O por qué intentas disimular cuándo estás hipando? Puede que tú no seas esa persona, pero está bien que entendamos esto y así podamos ayudar a otros. Sabes muy bien que, "el que tiene vergüenza, ni come ni almuerza". Te la debe de repampinflar la opinión de los demás, más aún, haciendo algo totalmente natural y adecuado, como puede ser hipar o estornudar. Tu autoestima no puede verse afectada porque a otros les moleste el ruido de tu estornudo. Por eso, la próxima vez que estés en el metro o en algún sitio con mucha gente, te pones la mano, pero sin hacer presión y estornudas lo más fuerte que puedas. ¡Qué lo escuche hasta el maquinista! Así practicarás tu seguridad interna y te superarás. Seguramente, todo el mundo te mirará, despertarás alguna que otra sonrisa y no te preocupes por los cuatro amargados de la vida que te miren con cara de asco. Ahora bien, los científicos creen que el hipo podría ser un remanente de nuestros ancestros anfibios. Cuando se produce este fenómeno, los músculos que utilizamos para inhalar se contraen y las cuerdas vocales se cierran al mismo tiempo. En la actualidad no se conoce el propósito del hipo en los humanos, pero los anfibios tienen un patrón de movimiento similar. Cuando un renacuajo traga agua, cierra la abertura para los pulmones y expulsa el líquido a través de sus agallas.

¿Te sorprende ver la fuerza que tienen los bebés para agarrar? Este reflejo se prolonga durante los primeros cuatro meses de vida aproximadamente, y se cree que es un vestigio de cuando los humanos recién nacidos tenían que sujetarse por sí mismos agarrándose al cuerpo velludo de sus padres.

Otro ejemplo, el músculo Palmaris Longus, se encuentra detrás del antebrazo, cerca de la muñeca y lo podemos ver si hacemos un movimiento giratorio con la mano. Hoy en día, es un músculo innecesario, pero antes era de utilidad para columpiarse por las ramas.

¿Y qué me dices del coxis? Es una parte de hueso al final de la columna vertebral, que queda como testimonio de nuestros antepasados con cola. Resulta un curioso ejemplo de algo que realmente estamos a medio camino de perder.

Con estos pocos ejemplos, queda más que claro que esta preciosa máquina, lleva miles de millones de años perfeccionándose a un entorno que está en constante cambio y, por eso, seguimos evolucionando, pero sin darnos cuenta. Seguimos cambiando, mínimamente, de forma genética, de generación en generación. Aun así, seguirá habiendo personas que crean que hemos aparecido por un chasquido de dedos. Y lo respeto, pero me da mucha lástima que tengas tanto miedo a la vida, a entender lo que es la vida, tu vida, a **vivir**.

# La Tierra y sus Seres

Pero ¿cómo empezó todo en la Tierra? Esta bola de masa que conocemos tiene un aspecto muy distinto del que tenía en su nacimiento, hace unos 4 mil millones de años. Entonces era un amasijo de rocas conglomeradas cuyo interior se calentó y acabó fundiendo todo el planeta. Con el tiempo la corteza se secó y se volvió sólida. En las partes más bajas se acumuló el agua mientras que, por encima de la corteza terrestre, se formaba una capa de gases, la atmósfera. Agua, tierra y aire empezaron a interactuar de forma bastante violenta ya que, mientras tanto, la lava manaba en abundancia por múltiples grietas de la corteza.

Al principio, la Tierra no tenía atmósfera y por eso, recibía muchos impactos de meteoritos. La actividad volcánica, generó una gran cantidad de gases que acabaron formando una capa sobre la corteza. Su composición era muy distinta de la actual, pero fue la primera capa protectora y permitió la aparición de agua líquida. Finalmente, la temperatura bajó lo suficiente como para permitir la formación de una corteza terrestre estable. En las erupciones, a partir del oxígeno y del hidrógeno, se generaba vapor de agua que, al ascender por la atmósfera, se condensaba, dando origen a las primeras lluvias. Al cabo del tiempo, con la corteza más fría, el agua de las precipitaciones se pudo mantener líquida en las zonas más profundas de la corteza terrestre, formando mares y océanos, es decir, una hidrosfera.

Hubo un periodo geológico muy largo (4.000 millones de años), en el que nuestro planeta se estabilizó y aparecieron los primeros organismos vivos, muy simples. Los primeros signos de vida aparecieron en mares cálidos hace unos 3.700 millones de años a partir de unas simples moléculas capaces de manifestarse.

Se produjeron grandes glaciaciones que estuvieron a punto de terminar con la vida en el Planeta. Luego, los océanos se estabilizaron, relativamente, y la atmósfera inició una lenta pero constante transformación, aumentando la proporción de oxígeno, reduciendo la de metano y dióxido de carbono. Así, más tarde, aparecieron los organismos pluricelulares.

El clima era todavía cálido y húmedo. Esto favoreció la proliferación de organismos cada vez más complejos y su posterior evolución. La vida en el mar se hizo muy rica, la cual, con el paso de mucho tiempo, empezó a salir del mar para colonizar la tierra firme. En cierta manera, de ahí vienes tú, del mar.

Surgieron animales con una estructura anatómica precursora de la espina dorsal, los primeros vertebrados, unos peces primitivos sin mandíbulas llamados ostracodermos. No hubo animales terrestres porque el oxígeno en la atmósfera todavía era escaso. Luego, en otra época y a pesar de que muchas especies marinas y terrestres se extinguieron, se consolidó la expansión de la vida sobre los continentes. Más tarde, aparecieron diversos tipos de peces que abarcaban tiburones, dipnoos, peces acorazados y una forma primitiva de peces con escamas duras. De estos últimos, evolucionaron, probablemente, los primeros anfibios, aparecidos hace unos 365 millones de años. También, había corales, estrellas de mar, esponjas y trilobites, así como algunos artrópodos terrestres, entre ellos, algún insecto, aunque sin alas.

Un grupo de tiburones, los cestraciontes, predominaron entre los grandes organismos marinos. Los animales terrestres más notables, fueron una especie de lagartijas anfibias que provenían de los dipnoos.

En la segunda parte de la etapa Carbonífera, surgieron los reptiles, que evolucionaron a partir de los anfibios y que eran ya terrestres. Otros animales de este periodo fueron los arácnidos, las serpientes, los escorpiones, más de 800 especies de ranas y unos insectos enormes, los más grandes que han existido.

Un pequeño grupo de los reptiles, los teriodontes o teriodontos (Theriodontia, dientes de bestia en griego), fueron el origen de los mamíferos y, por tanto, nuestros antepasados.

La vegetación de este periodo, muy abundante, estaba constituida sobre todo por helechos y coníferas. El clima, que siguió siendo muy cálido, favoreció la evolución y diversidad de la vida. La Tierra, en aquel momento, desde el espacio, debería ser mucho más verde que la actual. Entre los animales aparecieron, hace unos 245 millones de años, los famosos dinosaurios y, al final, como bien sabemos, acabaron extinguiéndose hace unos 66 millones de años.

No te aburras, todo esto es una gran base de conocimiento que soportará el resto del libro. Deberías de estar entusiasmado al leer esto. Aun así, en los próximos capítulos, el libro te resultará más impactante y emocionante, ya verás. ¡Muy atento, lo que viene ahora es importante!

Intenta pensar en 66 millones de años. ¡Es una barbaridad! No son nuestros 80 años, 2.000, 10.000, 100.000, 900.000, 1 millón ni 50 millones. Nada más y nada menos, que 66 millones de años atrás, cuando se extinguieron los dinosaurios. Obviamente, el ser humano aun no pisaba la Tierra, aún no había evolucionado.

Los descubrimientos hallados más antiguos de Homo Sapiens, radican entre 150 y 300 mil años atrás, muchísimo después de la extinción de tales bestias (los dinosaurios). Hay más que pruebas científicas y biológicas que demuestran estas apariciones con sus fechas aproximadas. La mayoría de las religiones, coinciden que sí existieron los dinosaurios. ¿Qué van a hacer? Se tienen que adaptar al cambio, sino sus seguidores podrían dudar, ya que se encontraron tantas evidencias científicas que ejercieron presión sobre ellos.

A pesar de tantos hallazgos y estudios, sigue habiendo negacionistas. Son personas que dicen que los dinosaurios no existieron. Algo muy curioso es que se hizo un estudio sobre este tipo de gente y resultaron ser individuos con unos gustos más enfocados en el placer momentáneo, adicciones a juegos... y menos a investigación, libros, ciencia, etc. En la mayoría, ese negacionismo, viene derivado de la religión. No les conviene que se encuentren pruebas de que han existido los dinosaurios, de hecho, les pone toda su película patas arriba. Tuvieron que pensar mucho, que decir al respecto para estar de acuerdo con los hallazgos y no defraudar a sus seguidores, a sus escrituras religiosas de hace apenas 2.000 ridículos años. ¿Por qué digo ridículos? Porque en tan poco tiempo, estos grupos han escrito e inculcado historias que resumen toda la existencia pasada sin tener ni puta idea de lo que ha pasado. Es obvio que, en las escrituras religiosas, no se sabe nada de los dinosaurios ni muchísimas otras evidencias. Algo curioso y, para muchos gracioso, es que también se predice todo el futuro, todo lo que va a pasar (profecías). Y lo más interesante, es que muchos creyentes se autoengañan y creen que lo único que falta, es que alguien los rescate. Bonita forma de terminar un cuento, para sentirte bien durante toda tu estancia en esta Tierra. Te voy a predecir algo: mañana puede que llueva, haga viento, esté nublado, haga sol, encuentres un chicle en la calle o la colilla de un cigarro.

Ahora bien, ¿qué respondieron acerca de los dinosaurios? Pues que seguramente fueron animales antediluvianos, no se llegaron a meter en el Arca de Noé y por eso no los tenemos hoy en día. Dicen que sí, que Dios los creó en menos de 6 días, como a todo ser viviente y que, estuvieron unos años y se extinguieron. ¿Y por qué no aparece nada en la Biblia? Muy sencillo. Las escrituras más antiguas datan de unos 1500 años a. C. Entonces, supuestamente, el Creador hizo todo en unos 6 días, hace unos 4.000 años atrás, que es cuando se crearon todas las cosas, inclusive personas inteligentes como nosotros con capacidad para hablar con su Dios, escribir en tablas... ¿Cuál es el problema? Pues que el ser humano no lleva en la Tierra 4.000 años ni 10.000, sino unos 200.000 años. ¿Cuál es el problema? Que los Dinosaurios vivieron entre 245 y 66 millones de años atrás. ¿Cuál es el problema? Que la Tierra se empezó a originar hace unos 4.000 millones de años. ¿Cuál es el problema? Que el Universo que conocemos se empezó a originar hace unos 15.000 millones de años atrás. Nada más que decir, por ahora.

Prosigamos con la evolución, ya queda poco para que aparezcamos, pero no de la nada, claro.

Al principio de esta era geológica (El Mesozoico), todos los continentes o islas se habían reunido en un único continente gigantesco al que llamamos Pangea, es decir, toda la Tierra. Más tarde, se fragmentó y las masas continentales se desplazaron, lentamente, hacia sus posiciones actuales. Entonces, se desarrollaron los vertebrados, sobre todo los reptiles. También aparecieron los mamíferos, las aves y las plantas angiospermas, de flores vistosas.

Los primeros dinosaurios eran pequeños, bípedos y carnívoros. A lo largo del periodo se diversificaron, llegando a dominar todo el planeta y a provocar la extinción de algunos animales más primitivos. Entre los invertebrados, los insectos estaban representados por la primera especie en experimentar una metamorfosis completa, atravesando las fases de larva, pupa y adulto. En los mares había belemnites similares a calamares, ammonites, crustáceos, moluscos, bivalvos, gasterópodos y corales.

Al haber desaparecido los dinosaurios, al final del periodo precedente (el Cretácico), la vida mamífera empezó a dominar en la Tierra. Al principio fueron pequeños, nocturnos y con alimentación herbívora o insectívora. Al final del periodo ya había roedores, grandes herbívoros y carnívoros que cazaban a otros mamíferos, aves y reptiles. Los movimientos de la tectónica de placas separaron las masas de tierra más o menos tal y como las conocemos hoy en día.

Los primates superiores surgieron hace unos 30 millones de años. Una rama de ellos evolucionó hasta convertirse, hace unos 200.000 años, en la especie Homo sapiens, la nuestra, aunque no tan evolucionada y muy diferente, a tal y como somos hoy en día.

Al principio hubo una especial abundancia de helechos, que suelen ser las primeras plantas en colonizar suelos dañados por incendios. Más adelante, aparecieron plantas modernas, palmeras y cactus. El clima fue fresco al principio, pero después se hizo cálido y húmedo. El final del Paleoceno estuvo marcado por un cambio climático muy brusco (Máximo Térmico del Paleoceno-Eoceno) que elevó 6 ºC la temperatura media de la Tierra en apenas 20.000 años y provocó la extinción de unas especies, la evolución forzada de otras y la subida del nivel de los océanos.

La evolución de nuevos órdenes de mamíferos, iniciada en el Paleoceno, siguió adelante. Aparecieron los marsupiales, los lémures y animales ungulados primitivos, a partir de los cuales fueron evolucionando diversos grupos como los caballos, los rinocerontes, los cerdos y los camellos. También aparecieron otros grupos modernos, como murciélagos y más primates.

Los mamíferos y las aves se desarrollaron bastante. El clima, moderado en los inicios, se fue enfriando. Al principio del periodo Neógeno aparecieron los simios y, hacia el final, los homínidos. Por todo el planeta, grandes áreas que antes estaban cubiertas por espesos bosques se convirtieron en praderas. En las zonas áridas apareció una nueva vegetación, el chaparral. Los bosques empezaron a dejar claros donde crecía la hierba. Las plantas herbáceas se adaptaron mejor al clima de este periodo, que bien podría llamarse la Edad de las Hierbas.

La fauna mamífera del Mioceno contempla la aparición del mastodonte, el mapache, la comadreja, la hiena y los osos. Había rinocerontes, gatos, camellos y caballos en sus formas primitivas. Los grandes simios, relacionados con el orangután, vivían en África, Asia y en el sur de Europa. Los primeros homínidos empezaron a evolucionar en el este de África.

En los mares progresaban las ballenas, los delfines, los tiburones y las focas. Gracias a la merma de los bosques, tuvieron mucho éxito algunos animales de pequeño tamaño, como roedores, ranas, serpientes y pájaros. Con el enfriamiento global, muchos animales de sangre fría desaparecieron de las latitudes medias y altas. Los cocodrilos y caimanes se extinguieron en Europa. En cambio, las aves y los roedores evolucionaron y siguieron expandiéndose. Y, cuando hay comida, surgen depredadores: los géneros de serpientes venenosas se multiplicaron en el Plioceno.

En África abundaron los animales con pezuñas. Aumentó la población de elefantes y aparecieron las primeras jirafas. La proliferación de nuevos depredadores, sobre todo felinos, motivó que las hienas se convirtieran en carroñeras. Mientras, los primates seguían evolucionando. Surgieron diversas especies de homínidos, desde los Australopitecinos al Homo habilis y al Homo erectus, que se consideran antepasados directos del Homo sapiens.

La evolución humana tuvo su punto inicial, cuando una población de primates del noroeste de África se dividió en dos linajes que evolucionaron de modo independiente: uno de ellos permaneció en los árboles, mientras el otro migró a la llanura. Debido a presiones ambientales, las generaciones siguientes de este último linaje, aprendió a erguirse sobre sus patas anteriores, liberando así las posteriores que vendrían a ser luego manos, capaces de sostener herramientas.

El estudio de este proceso se dio gracias a la arqueología, paleontología, geología, la biogeografía, el estudio comparativo de los organismos vivos, la antropología, la biología molecular y otras ciencias semejantes. Pero a muchos, se la suda esto... simplemente, prefieren creer en un solo libro de una sola religión y ya está.

En Eurasia prosperaron los tapires, rinocerontes, antílopes y vacas. Algunas especies de camellos llegaron por Asia desde Norteamérica. Aparecieron los primeros felinos dientes de sable, que compitieron con otros predadores como osos, perros y comadrejas. Especies norteamericanas invadieron Sudamérica, mientras en Australia, aislada del resto, siguieron dominando los marsupiales.

A la época Pleistoceno se la llama a veces "La Era del Hombre", porque el género Homo evolucionó en este periodo. En el siguiente periodo, el Holoceno, los seres humanos fueron capaces de desarrollar una vida organizada en grupos sociales (civilización).

En cuanto a la evolución humana, el Pleistoceno equivale al Paleolítico. Al principio apareció la especie Homo habilis, recolectora y carroñera, que fabricaba toscas herramientas de piedra. Homo erectus, con mayor cerebro, apareció hace 2 millones de años. Fabricaba armas más perfeccionadas, cazaba en grupo, hablaba y, probablemente, aprendió a usar el fuego. Homo neanderthalensis fue una especie adaptada al frío que apareció hace 230.000 años. Algunos autores lo consideran una subespecie o adaptación de Homo Sapiens, cuyos restos más antiguos tienen unos 315.000 años y es la única especie de Homo que todavía no se ha extinguido.

Al principio del Holoceno los humanos ya habían empezado a organizarse en grupos sociales ubicados en cuevas o chozas, lo cual hizo evolucionar rápidamente el lenguaje y, con él, los conocimientos. Se domesticaron lobos para convertirlos en perros y se fabricaron nuevas herramientas como arcos, flechas, hachas, cuchillos, arpones, aparejos de pesca o piraguas.

Hace unos 10.000 años los habitantes del Oriente Medio fértil empezaron a compaginar la caza y la pesca, con la agricultura y la ganadería, lo que provocó el abandono de la vida nómada. Se asentaron en lugares estables formando pueblos o ciudades (civitas, en latín) y de ahí proviene la palabra "civilización". Fabricaron objetos de cerámica y empezaron a dominar los metales: primero el cobre, después el bronce y finalmente el hierro.

El Holoceno se suele estudiar hasta la invención de la escritura. El primer escrito que se conoce se atribuye a los sumerios de Mesopotamia, hace unos 5.000 años. A partir de este momento empieza lo que llamamos "Historia".

Es increíble y alucinante todo esto, toda la evolución, lo que tú eres. Y luego, muchos, piensan que todo viene de un chasquido de dedos, sobrevaloran auténticas gilipolleces y se piensan que saben de la vida, cuando no tienen ni la menor puta idea de lo que hay delante de sus cejas.

# La humanidad no para de evolucionar

Los seres humanos actuales, somos descendientes de los primeros Homo sapiens, cuyo nombre significa "hombre inteligente" u "hombre capaz de entender". Se sabe que ya hace 40 mil años, el Hombre de Cro-Magnon (cuyo nombre se debe al lugar donde fueron encontrados sus restos en Francia) usaba armas y herramientas hechas de piedras, huesos y cuernos, contaba con una organización social y vivía de la caza. Cuidaba a sus heridos y enfermos y comúnmente enterraba a los muertos con comida, armas y en algunas ocasiones, flores. También poseía un lenguaje para comunicarse y hacía grabados y pinturas en las paredes de las cuevas, los cuales aún se conservan en algunos lugares de Europa.

El ser humano moderno, se estableció en toda Europa, parte de Asia y emigró hacia América del Norte hace aproximadamente 22 a 13 mil años, cuando se formó un puente de hielo que conectó Alaska con Siberia en el estrecho de Bering. Se calcula que hace 10 mil años cerca de cinco millones de seres humanos poblaban la Tierra, al mismo tiempo que surgía la agricultura. Con el desarrollo y diseño de nuevas herramientas, el aumento de las formas de comunicación y el establecimiento de nuevos poblados, los seres humanos colonizaron casi todos los lugares del planeta, volviendo superfluas las diferencias físicas debido a su capacidad para fabricar ropa y viviendas para protegerse del calor o el frío.

La humanidad sigue evolucionando ahora mismo. Ni los análisis masivos de genomas ni la propia teoría evolutiva nos permiten sostener lo contrario. Hay fuertes indicios de que nuestra evolución se encuentra en una fase acelerada.

Habrá gente que piense que, con tantos avances, hoy en día, todos sobreviven y es muy difícil que la selección natural siga su curso. Pero en verdad, nunca nuestra especie había evolucionado tan rápido como en los últimos diez milenios y seguimos, según estos autores, en una fase acelerada. Las responsables fueron las nuevas presiones selectivas, debidas a los incontables cambios producidos en nuestro modo de vida. La humanidad comenzó a alimentarse de otras formas, a trabajar como nunca, a relacionarse con muchas más personas y en sociedades más complejas. Surgieron nuevos problemas nutricionales, nuevas enfermedades, nuevas oportunidades...

Otro importante factor que contribuye a la aceleración evolutiva es el aumento de la población. Como explica John Hawks, hubo un incremento masivo durante la transición agrícola en el neolítico, y otro más reciente tras la revolución industrial y la globalización del desarrollo tecnológico. La selección natural trabaja con variabilidad genética, es decir, con diferentes alternativas de genes que producen diferentes efectos. Sin variabilidad genética, la selección se detiene. Cuando la población aumenta, la variabilidad se conserva mucho mejor y surgen muchas más mutaciones que no son comunes y pueden fomentar la evolución. Recordemos, evolución se traduce en pequeñas modificaciones genéticas que van de generación en generación.

¿Qué me dices de las personas con piel negra, morena y blanca? ¿Acaso Dios creó un par de negros, morenos y blancos? O más bien, ¿tendrá que ver con el impacto de los rayos ultravioletas provocados por el sol durante muchísimos años? Tiene sentido que, en África, haya mucha más gente de piel negra por la influencia del Sol. Si te fijas, en Latinoamérica, por ejemplo, es un clima intermedio y por eso, la mayoría de las personas son morenas de piel. Y, por ejemplo, al norte de Suecia, muchos tienen un color de piel tan blanco que llama la atención. La evolución, si le das tiempo, es más que real.

Resulta imposible hacer predicciones sobre el futuro de la humanidad. Hoy sabemos que el vehículo de nuestra evolución siempre ha estado moviéndose y que la cultura y la tecnología, así como la existencia de muchas personas vivas genéticamente diversas, pueden funcionar como aceleradores más que como frenos. Para muchos científicos, la evolución cultural es clave. Es una característica especial del ser humano para adaptarse al medio y transmitir esos conocimientos a las generaciones siguientes. La herencia cultural se basa en la transmisión de la información a través de un proceso de enseñanza-aprendizaje (imitación, libros, periódicos, radio, televisión, etc.) que es independiente del parentesco biológico. Los científicos apuntan que en los últimos milenios los seres humanos han adaptado el ambiente a sus genes con más frecuencia que sus genes al ambiente. Es por esta razón, la aparición de la cultura como una forma súper orgánica de adaptación, que los humanos se han convertido en la especie de mamíferos más extendida y más exitosa del planeta.

*"No hay razón para pensar que el proceso evolutivo se ha detenido. El hombre es un animal de transición".*

— Carl Sagan —

# CAPÍTULO TRES

# Creencias de mierda

*"Sólo cuando la mente está libre de ideas y creencias*
*puede actuar correctamente".*

— Jiddu Krishnamurti —

¿Tienes creencias que son una auténtica mierda? Seguramente tu respuesta será un gran **no**. ¿Por qué? Sencillamente porque no lo sabes. No eres consciente de tus creencias de mierda. Si lo fueras, te desharías de ellas para siempre. Y de eso trata este capítulo. El putito problema que tenemos los humanos, es que la mierda de nuestros padres y antepasados, llega a nosotros y nos la dan muy lentamente, poquito a poquito. Por eso, ahora mismo, tendrás formas de ver la vida, formas de pensar, que no es que estén mal, pero pueden ser una gigante mierda para tu felicidad. E insisto, no eres consciente, no te das cuenta, lo has mamado, te has acostumbrado a ello, lo has integrado y forma parte de tu vida. La misión en este capítulo es que analicemos y cuestionemos juntos las creencias y sus mecanismos de imposición. ¡No las tuyas! No hace falta que te sientas atacado tan rápido. Hay que analizar desde fuera, de forma general, como si intentaras ayudar a un amigo. ¿Verdad que muchas veces has podido aclarar cosas a un amigo y le has podido ayudar? Pero luego tú, no das palo al agua. Eso pasa porque analizas desde fuera siendo más congruente, sensato y directo. Lo mismo harás contigo, pero de forma transitoria. De hecho, lo llevas haciendo desde que empezaste a leer este libro. Es la magia de la lectura. Eres como tu propio psicólogo súper experto. Vas analizando las cosas de forma general, desde fuera, piensas en amigos o conocidos a los que aplicar los ejemplos y, poco a poco, te los vas lanzando a ti y te comparas. Así puedes moldearte lentamente, forjarte y crecer mentalmente.

Muchos libros son mil veces mejor que ir a un psicólogo. Ya sabemos que hay psicólogos buenos y malos, psicólogos que quieren ser eficientes contigo y otros que te marean para que gastes más dinero, psicólogos que te tratan de enseñar, pero no te transmiten esa buena vibración, ya que ellos padecen ansiedad o depresión. Por eso, creo que un libro es mágico y dentro está su truco.   Ese truco, eres tú, hablando contigo mismo, escuchando tu voz interna, como piensas y como, poco a poco, te vas lavando el cerebro y vas adquiriendo una nueva creencia. *"¿Hola?" "¿Hay alguien ahí?" "¡Vaya, pero si puedo escuchar mi voz!" "Bueno en verdad me la estoy imaginando, a no ser que lea en voz alta". "¡Qué guapo que soy y que tipo tengo!" "¿Verdad?" "¡Curiosidades de la vida, que le vamos a hacer...!" "Ahora no puedo dejar de escuchar lo que pienso".*

Ahora en serio, todo esto, todo lo que trates de aprender, también son creencias. Siempre nos están lavando el cerebro o, más bien, dejamos que nos lo laven. Sé que suena mal decir: "Me están lavando el cerebro". Pero ten en cuenta que, realmente, sí te estoy lavando el cerebro, o te lo estás lavando tú mismo al querer seguir leyendo. La cuestión, el truco del almendruco, lo más importante, es saber que creencias limitan tu bienestar para la vida y hacen que tengas una vida realmente jodida sin darte cuenta y, por otro lado, que creencias impulsan ese bienestar.

Por eso, tenemos que analizar desde fuera y probar. Lo que nos produzca mayor bienestar sin perjudicar al resto, con eso nos quedaremos.

Algo muy importante: por mucha experiencia o libros que hayas leído, no pienses que ya controlas demasiado y que sabes analizar bien las creencias, distinguirlas, que es lo mejor para ti... ¡Y un cojón de pato! Las creencias, aunque sean buenas, las tienes arraigadas. Piensas que es la mejor creencia, porque crees que es bueno para ti, ya que lo has elegido tú, que eres tan listo. Tu mierda de ego se conforma con algo bueno, pero descarta algo mejor. Por eso aquí, nadie es mejor que nadie, no eres el más listo de la habitación y todos podemos aprender de todos.

Esa persona que te encuentras en la calle con ropa más barata que tú, que no te cae muy bien por algún gesto que ha hecho, podría ser perfectamente el inventor de algo que tú disfrutas, esa persona te podría dar mil vueltas a ti. ¡Hostia puta! ¡Con pura certeza, no tenemos ni puta idea de nada y la gente creyéndose el centro del universo! No has de pensar así por leer diez libros, no has de pensar así por darte cuenta de que eres más ágil, mentalmente, que el resto de tus amigos. No has de pensar así por ver que tienes más don de palabra, más sabiduría, que eres más avispado o que controlas temas profundos de la vida. Porque querido amigo, personas así destacan, pero se van a la mierda en poco tiempo. Su ego, soberbia, falta de cariño, tacto, amor y humildad, no les permite avanzar. Por eso, los humos bajaditos. No juzgues tan rápido. Ponte en la posición de un niño que aprende con ilusión y cuestiona con amor. Así, este libro y muchos otros, te servirán y aprenderás más.

# Creencias falsas y limitantes

Primero vamos a hablar de las creencias, costumbres, imposiciones, hábitos... que tienes en tu mente, en tu forma de pensar, que limitan mucho tu capacidad para dar mucho más de ti y, por supuesto, para ser más feliz.

¿De dónde vienen estas creencias? Generalmente de la infancia o adolescencia. Ahora bien, toda creencia limitante la has adquirido tú de algo **externo** a ti. Ya sea que te dijeron "marica", "gorda", "inocente", "retrasada", "4 ojos y tienes piojos", etc. Te impusieron una ideología, cualquier cosa que te hirió (sin darte cuenta a priori) y **te lo creíste**.

**Permitiste** que entrara en tu vida y se quedara ahí. También, puede ser que te comparaste en repetidas ocasiones con la belleza de tu compañero, porque todos decían que era el más guapo, el que tenía mejor cuerpo, el que sabía hablar mejor... Y tú, hiciste tuya una creencia de mierda, de la masa de la sociedad. Algo externo, se ha hecho interno en tu vida y, ahora, no paras de repetírtelo constantemente.

Hay que tener clara una cosa, **tú eres** y punto. Sí, eres de **ser**. **Eres** y ya está, no hay más. Quiero decir, tú eres un ser humano al igual que todos, unos más gilipollas que otros, pero siguen siendo seres humanos. Esto, el hecho de ser, de estar vivo, debería ser suficiente para tu felicidad, pero no suele serlo, dejamos que nos infecten de mierda constantemente.

Te pregunto, ¿hay gente más guapa o más fea que tú? *"No José, soy el más feo de todos, nadie me quiere, cucu, caca..."* ¡La madre que me parió! ¿Me puedes explicar de qué coño te sirve esa forma de pensar? Si piensas así, eres un puñetero bebé puesto a la defensiva, reclamando atención porque tienes una autoestima de auténtica mierda. A lo sumo, conseguirás que algún bonachón te ayude pensando que estás muy jodido, pero lo que pasa, es que tienes mucho cuento. Porque como bien sabes, esto es una droga; alguien te ayuda, te aprovechas de la persona, e intentas tapar tu mierda de autoestima hundiendo a la otra persona y poniéndola a tu mismo nivel. Tu carencia de autoestima luego sube a flote otra vez, porque tu mente sigue en una mierda de estado mental negativo. ¿Soy duro? ¡Puede! Habrá gente que me pueda decir... *"es que tú no conoces la situación de cada uno, no puedes decir que se levante, a lo mejor le es imposible y no lo sabes"*. Y tienen razón, hay paralíticos o personas con enfermedades mentales severas (no ansiedad o una leve depresión).

¿Qué pasa con las personas sin hogar? Llevo años haciendo voluntariados y estando mano a mano con ellos, ganándome su confianza para ayudarles a salir de la situación en la que están. Uno puede pensar... *"pobrecitos, hay que hacer algo, no deberían seguir ahí en la calle, pasando frio..."* ¿Y si te digo que la mayoría de ellos si les propones un trabajo o una casa de acogida te dirán que no? ¡Faltan cojones para afrontar la vida! Falta tanto por construirnos y tenemos tanto miedo a veces, que preferimos hacernos una bolita a levantarnos, correr y decir: *"esta es mi vida, este es el juego de la vida, una vida que dura dos días, sé que moriré, pero hoy voy a* **vivir***, a darlo todo, quiero ser valiente, experimentar, jugar, divertirme y tratar de ser feliz al máximo"*.

Obvio que hay personas sin hogar que salen adelante y son personas maravillosas, llenas de amor. Obvio que, personas con depresión, luchan y salen adelante y logran sus inquietudes. Lo que no puede ser, es que te pongas en esa situación de mierda, no quieras escuchar ni salir de ahí y quieras herir a los demás. ¡Escucha! Esta es mi vida. Y yo no soy responsable, **ni nadie**, de tu vida. Tú mismo tienes que buscarte las habichuelas. Nunca es tarde. El día que digas: *"vale, quiero cambiar mi forma de pensar para sentirme, en el fondo, mucho mejor". "¿Qué tengo que hacer?"*, ese día habrás ganado.

Volvemos a la pregunta, ¿hay gente más guapa o más fea que tú? Sí y no. Depende de tu filosofía.

- <u>No hay gente más guapa que tú.</u> Es típico en el coaching tradicional decir: *"todos somos personas, nadie es más importante que nadie, todos valemos lo mismo, lo importante es el interior, la belleza es relativa, todos somos igual de bonitos e importantes y quien te quiera, lo hará desde el interior"*. En verdad, todo esto es una gran e importante verdad. Pero amigo mío, la filosofía y el tipo de lectores que espero que lean este libro, también deberían de analizar y cuestionar la otra parte; así es como uno crece y se supera mentalmente. Por tanto: *"¡Y una mierda pinchada en un palo, la belleza sí nos resulta importante!"*.


- <u>Sí hay gente más guapa que tú.</u> La masa, como misma especie que somos, tenemos gustos similares y generales, que indican que personas de los países escandinavos ("países con la gente más guapa del mundo") generan más atracción instantánea en las personas. Es debido a la altura, la forma física, la tez de la piel, el color del pelo, de los ojos... A pesar de que no me gusta generalizar, esto es una realidad y punto. ¿No tienes nada de rasgos de las personas escandinavas? ¡Pues te jodes! ¿Qué hacemos, nos ponemos de víctima otra vez y no paramos de poner excusas o buscamos soluciones? Hay que tener en cuenta que dentro de los países escandinavos habrá gente más "guapa" y más "fea". Y hay que tener en cuenta que, todas las personas no tienen los mismos gustos. Bien es cierto que, si naces con una genética tal y como hemos descrito anteriormente, por regla general, puedes tener más facilidad para impresionar en cuanto a primera atracción física o para estar en anuncios de jabones. Ahora bien, todos sabemos que, para ligar, es mil veces más importante y atractivo, la actitud que el físico. El físico impresiona, pero la actitud engancha. También sabemos que hay todo tipo de modelos, incluso gente rellenita. Lo que quiero que entiendas, es que seguimos en la misma tesitura. ¡O pones excusas o pones soluciones! No hay de otra, la vida es así. O te aceptas tal y como eres, te amas, te superas y **entiendes** que la vida es mucho más que un simple físico, que la vida se trata de **ser** y **vivir**, o estarás realmente jodido, para disfrutar de la vida, de forma natural y en plenitud. Habrá muchas personas que les pongas cachondísimo y habrá gente que esté dispuesta a "amarte". Si no eres capaz de ver esto y aceptar tu realidad, tu **mísera actitud**, los **espantará**.

Fíjate en la definición técnica de creencia limitante. Insisto, esto no es un rollo. Esto es una realidad que hay en ti, porque todos tenemos ciertas creencias limitantes y no nos damos cuenta. Como bien sabes, esto es como si llevaras una mochila de 50 kilos a tu espalda. ¡Es una mierda vivir así! Te cansas enseguida y desistes de todo, mucho más rápido. ¡Quiero que experimentes esa sensación de soltar lastre y volar!

*Las creencias limitantes son aquellas que bloquean a las personas a la hora de conseguir sus objetivos. No tienen por qué ser reales, pero dificultan alcanzar aquello que realmente desean.*

¡Más claro, agua! Este tipo de patrones mentales, son ciclos realimentados y es una auténtica mierda. Te lo explico, es muy sencillo. Tú piensas que no eres bueno con las matemáticas, que no eres valiente, lo suficientemente guapo, listo, sociable... Entonces, llega el momento de la verdad, se acerca una situación que requiere acción y en tu memoria, ¿qué hay? Pues esas creencias (forma de pensar) negativas o limitantes que condicionan tus acciones. Eso quiere decir que, no te vas a atrever a hacer eso o que lo harás mal, ya que lo harás con inseguridad, mucho miedo, sin energía, concentración... porque piensas que tú no vales lo suficiente para eso y que no eres capaz. Y ahora viene la retroalimentación. ¿Qué pasa? Pues que tú mismo te dices: *"lo sabía, sabía que no iba a ser capaz, soy estúpido, no sé ni porque lo he intentado, era obvio..."* Tu falsa creencia o creencia limitante, se acaba convirtiendo en algo real, en una profecía cumplida, pero eres tú, sin darte cuenta, quien la ha creado.

Ahora trata de sacar a una persona de ese patrón mental, el cuál cree que es una verdad. No es fácil sacar a una persona de ese pensar inconsciente. ¡Pero no es imposible! Entendiendo esta información es más sencillo y, además, hay técnicas para cambiar de estados mentales negativos a positivos en cuestión de minutos. Estas técnicas, las expliqué en mi anterior libro, *«ESPABILA DE UNA PUTA VEZ»*.

Si no te esfuerzas por cambiar tus creencias limitantes, se convertirá, sin darte cuenta, en un vicio mental, te convertirás en su esclavo e, inconscientemente, te encerrarás en una jaula de limitaciones y sufrimiento.

Una creencia limitante es una **mentira mental y emocional** que deforma la imagen que tienes de ti, la imagen que tienes de los demás y la imagen que tienes de la vida. Toda creencia limitante crea monstruos donde no los hay. Las falsas creencias, deforman la visión de la realidad e inhiben tus capacidades.

Antes de seguir, ten en cuenta algo. Aquí, ahora mismo, estamos hablando de creencias. Creencias que son una mierda porque no impulsan tu vida hacia el bienestar, por tanto, son creencias limitantes, que te limitan. Ahora bien, ¿también son falsas estas creencias? Por ejemplo, alguien que no pare de repetirse: *"Soy demasiado feo para ligar"*. Pues esta creencia es falsa o no dependiendo de tu filosofía de vida, algo que hemos hablado hace poco. Lo que sí está claro, es que las creencias se pueden cambiar, se pueden crear nuevas creencias que te impulsen mucho más hacia el bienestar. Por tanto, puedes hacer que estas nuevas creencias sean una verdad en tu vida y, por tanto, las anteriores las podemos nombrar como unas creencias falsas, que te limitaban y te hacían daño.

¡Atento a esto! Las creencias limitantes, falsas creencias o mentiras mentales, son un tipo de error emocional que abre la puerta a las excusas, a las acusaciones, ocultaciones, al orgullo, a las mentiras, manipulación, chantaje... Te llevan a adquirir un comportamiento tóxico y no es fácil que una persona reconozca que se está comportando así, que se está equivocando y mucho menos que se perdone. Estas personas, cuando llegan a este punto, no se atreven a reconocer su mierda (por miedo a ser señalado, por orgullo, o para no perder determinada posición social) y lo ocultan. Es precisamente esta ocultación la que hace que el malestar y los problemas se agraven hasta que todo se desmorona y revienta.

La verdad tiene las patas muy cortas, como hemos escuchado muchas veces. La verdad siempre pide paso, silenciosa, humilde y paciente. Por más que intentes matar, ocultar o disfrazar la verdad, siempre estará ahí. La fuerza de la verdad es como la luz, se cuela por cualquier rendija. Tarde o temprano, la verdad te pedirá paso y se lo tendrás que dar.

Mira estos posibles ejemplos de creencias limitantes y/o falsas:

- Siempre me decían que era un "patoso" (torpe, lento). Realmente no valgo para nada.
- No voy a encontrar trabajo con tantas personas tituladas.
- Estar en este grupo religioso es lo mejor que me ha pasado en la vida. Me he privado de muchas cosas, pero ahora soy libre y feliz.
- No me considero válido para el trabajo. Voy a buscar algo inferior que no conlleve tanta responsabilidad.
- No me merezco ese reconocimiento. Cualquiera sería capaz de hacer eso.
- No voy a conseguir pareja nunca. Así que prefiero no intentarlo y ya está.
- En el colegio me quedé en blanco cuando salí a exponer mi trabajo. No valgo para hablar en público.

Este tipo de pensar va a provocar que siempre estés en tu zona de confort. ¡Oh, famosas palabras! ¡Tienes que salir de tu zona de confort! ¿Por qué? ¿Y si estoy bien aquí? Ah vale, pues quédate, pero luego no te quejes como una comadreja. Si tú estás, verdaderamente, a gusto ahí donde estás, ¡enhorabuena! Si las cosas te van bien en tu rutina y tienes bienestar, ¿qué más da si no quieres hacer cambios grandes? Como si salir de la zona de confort fuera una obligación para todos...

Ahora bien... ¡aquí viene la sartenada de hostias, prepárate! El puto problema, de la mayoría de la sociedad es que no educan ni fortalecen su cerebro a diario, por tanto, no crecen, se les va pudriendo la mente y entonces, **se mienten**. Dicen estar a gusto, estar bien, que son "requetefelices", viva la vida y el amor... pero luego no paras de suspirar porque no soportas a tu jefe, no eres capaz de aceptarte, amarte y sonreír cuando estás solo. En compañía sí, claro, hay que dar una buena imagen... Lo que pasa es que, por puto **miedo**, no tienes el suficiente valor y coraje, para ir tras aquello que de verdad te hace ilusión, que de verdad te hace palpitar el corazón.

Estos, son pensamientos y sentimientos que, tratas de inhibir lo más rápido posible, con mierdas, adicciones, chorradas y pérdidas de tiempo para no sentir dolor por tu frustración. Si éste es tu caso, **sí deberías** de "dar portazos", dejar cosas atrás y embarcarte hacia un nuevo caminar, deberías **jugar**, **arriesgarte** y **vivir**. ¡Merecerá mucho la pena! La vida es un puto juego, la vida son dos putos días y si vives cagado de miedo en tu burbujita, puede que te pierdas cosas sumamente increíbles que te darían chutes de alegría, paz y bienestar propios de una real, pero aún lejana felicidad. ¡Merecerá mucho la pena que rompas tu burbuja, te conozcas más y descubras nuevas aventuras!

¿Por qué he dicho lejana felicidad? Porque la **felicidad** es una palabra demasiado grande y aún nos queda mucho por leer. Insisto, es cierto que hay personas, que no estarán de acuerdo con esta filosofía de vida y te dirán que la magia, radica en disfrutar los pequeños detalles, momentos, y para ello, no es necesario ir a ningún otro lugar. No es necesario salir de la zona de confort constantemente, así nunca te saciarías. Y no les falta razón; vivir el presente, otra gran enseñanza de vida. El problema es, ¿quién tiene la mente tan despejada y preparada, para pensar así y no lanzarse mentiras, constantemente, sin darse cuenta? Por eso, la mayoría, como tenemos una mente de mierda, hemos hecho cosas de mierda, que nos han llevado a una rutina de mierda, que no es lo que, verdaderamente, queremos.

Si bien, podríamos valorar, cambiar el chip y decir que esta mierda, huele a rosas y es como si fuera oro... ¡pero sigue siendo una auténtica mierda! Por eso, mi consejo es: prepara tu mente, sal de tu mierda de rutina y disfruta el presente. Es muy importante el orden que acabo de decir.

Ahora bien, una vez esté en un nuevo lugar, dónde haya llegado con una mente preparada y esté valorando el presente, ¿es necesario descubrir nuevos horizontes? Pues bien, esto ya es una lucha entre filósofos. Entraremos en este juego en la segunda parte del libro.

Hay que tener en cuenta que las creencias limitantes siempre están al acecho. Quiero decir, siempre te pueden imponer nuevas creencias si tú permites que entren en tu vida. Por eso, es de vital importancia, para un buen desarrollo personal, alimentar tu cocorota (tu mente) a diario, sino la capa de grasa, que hace que te resbale toda mierda de gente estúpida, se irá haciendo muy fina y, entonces, irán penetrando cosas a tu preciosísima autoestima y la debilitará. Por eso, no dejes de comer, pero tampoco dejes de leer.

## Creencias potenciadoras

¿Te imaginas cómo sería tu vida si todo aquello en lo que tú crees que eres malo resultara que eres bueno?

¿Qué es una creencia potenciadora? Es un patrón mental o forma de pensar, que nos impulsa a la acción, facilita capacidades, emociones y comportamientos expansivos. Nos ayuda al autoconocimiento, el reconocimiento de nuestras capacidades nos brinda coherencia entre nuestros pensamientos, palabras y conductas con el logro de nuestros objetivos, nos otorga confianza y seguridad personal.

¿Quién coño no quiere todo esto? ¡Vaya descripción! Esto es una gran mejora a nivel de desarrollo personal, por eso, cuando no las implantas en tu vida y dejas que reinen las creencias limitadoras, es todo lo contrario; una vida de mierda.

Ahora bien, esto parece un poco de "coaching barato". ¿Por qué? Porque me estás diciendo que tengo un problema y me implante una frase en mi cerebro para tapar mi problema. O sea, quieres que tape mi problema y ya está, la vida es bonita y preciosa, ¿no? ¡Atento! No es lo mismo evadir los problemas y decir frases bonitas como si no pasara nada, a provocar una transición mental, al revés de como tú la hiciste en el pasado. Me explico, a ti te dijeron que eras feo, o no eras lo suficientemente atractivo o guapo. Entonces, te caló la autoestima, te hirió, te lo creíste y no has parado toda la puta vida de repetírtelo. Independientemente de si es una realidad o no que seas guapo (ya que te comparas con los demás), este tipo de pensar a provocado estados mentales de mierda en ti, muchos momentos de sufrimiento, sentimientos que no te han favorecido en tu seguridad propia, para convertirte en alguien realmente atractivo.

Hemos hablado de tus creencias limitantes al detalle y, a partir de ahora, las vamos a transformar en creencias potenciadoras. ¿Por qué? Porque **tú decides** lo que quieres creer de ti. No puedes esperar que los demás construyan tu vida. ¡Joder! Tú eres el arquitecto de tu vida. ¿Qué coño haces dejando que los demás influyan en tus cimientos, en la construcción de tu **ser**?

Las creencias son formas de pensar y se pueden cambiar fácilmente, luego llevará un poco de tiempo que adquieras todos esos buenos frutos, que impulsarán tu vida hacia un nuevo nivel de bienestar.

¿Me llevará el mismo tiempo que he perdido con mis malas creencias? Primero, no es tiempo perdido, la vida es un juego, estamos jugando / viviendo y de todo se gana experiencia que, quizás, luego te sirva para ayudar a personas que han pasado por lo mismo que tú o quién sabe... Y segundo, el tiempo de recuperación hacia ese nuevo nivel, es mucho más rápido ya que el simple hecho de entender esto y saber que estás mejorando, provoca una ilusión tan grande en ti, que rompe esa bola de nieve de desgracias y mierdas al instante. Luego, la seguridad, el valor, la confianza, la capa de grasa que hace que te resbalen las críticas... todo lo irás construyendo poco a poco.

¿De qué dependerá que no olvides tus creencias potenciadoras y las vuelvas a transformar a creencias limitantes? De si alimentas tu cerebro cada día o no. Si mantienes a tu cerebro fuerte y entrenas cada día, es pan comido, de verdad. Pero si dejas de leer a diario buenos libros, ya no ves vídeos que te aporten valor, no escuchas podcasts que aumenten tu nivel de consciencia, no tienes ganas de asistir a algún evento de desarrollo personal, te juntas con malas compañías o personas que no te aporten valor (que se centren en cosas que, en el fondo, no te aportan bienestar), te inflas a ver las noticias televisivas llenas de desgracias, vídeos que te mantienen entretenido, pero no te aportan mucho... ¿Pues qué coño quieres? ¿Otra vez queremos magia? Queremos robar, ¿no? Sí, quieres robar si te quieres llevar el producto (tu meta) de la tienda, sin pagar el precio (esfuerzo). El tomate no sale de la tierra en un chasquido de dedos, ya sabes que requiere un proceso. Por tanto, es tu decisión.

La neuropsicología ha descubierto que, nuestro cerebro aprende a saber qué esperar de cada momento; es decir, si creemos que el próximo examen nos irá fatal, probablemente estudiaremos menos y, entonces, este pensamiento negativo se hará realidad. O si creemos que, en la próxima reunión de trabajo, me pondré nervioso, entonces prefiero mantenerme callado y apenas hablar, porque una vez en la Universidad me quedé en blanco ante el público, no voy a probar de nuevo y quedar mal delante de todos otra vez. Por tanto, estas ideas o pensamientos actúan como profecías autocumplidas, ya que actúan como puertas o barreras a lo que podemos hacer. Si crees que eres agradable, entonces te acercarás a los demás de forma más abierta. Si crees que no lo eres, te retraerás ante los demás y los demás te verán como una persona antisociable.

*"Tanto si crees que puedes como si crees que no puedes, estás en lo cierto".*

— Henry Ford —

Es súper importante que nos esforcemos en este capítulo, ya que cuantas menos falsas / limitantes creencias poseas, más experimentarás, ensayarás, aprenderás, menos condicionamientos tendrás y mayores serán tus grados de libertad, para crear nuevas circunstancias, cambiar y transformarte. Más rápidamente, aprenderás de tus errores y menos excusas pondrás para aceptar la realidad tal y como es.

Algo importante, dos creencias contradictorias no pueden convivir en tu mente. ¿Te ha pasado que hay días o momentos que te ves más atractivo que otro? Un día o en algún momento del día, te puedes ver guapo, pero en otro, te ves como un ogro. Pero fíjate, en un mismo instante no puedes tener ambos pensamientos a la vez. Por tanto, ahora, cuando decidas pensar de forma potencial (que te ayude a crecer mentalmente), la creencia contraria desaparecerá. ¿Pero puedo volver a tener la creencia limitante? Sí, no es de la noche a la mañana. Cuanto más practiques, tu creencia potenciadora se hará más fuerte y la falsa / limitante, se irá haciendo más y más débil, hasta que la olvides casi por completo.

*"Me llevó veinte años tener éxito de la noche a la mañana".*

— Woody Allen —

Por eso, no hay que desesperar. Hay que tener paciencia para cuestionarte progresivamente, paciencia para perseverar, para integrar los cambios, paciencia para permitirte equivocarte y rectificar. Como es obvio, la paciencia no es una excusa para dormirte en los laureles, no es una excusa para ser un vago de mierda.

Ha llegado el momento de trabajar un poco. Coge un papel y un bolígrafo, una tablet, lo que quieras... y escribe las posibles creencias falsas y limitantes que tienes en tu vida. No es necesario que te diga la importancia de hacer esto, ya lo sabes. No debería estar convenciéndote para que lo hagas, pero es que, si no escribo esto, simplemente, leerás y pasarás de todo. Si quieres ser un puto mediocre o sabelotodo, pero que no tiene ni puta idea de nada... entonces, aviva tu pereza, sigue leyendo y no hagas el ejercicio (la práctica). En serio, recuerda a Woody Allen; paciencia es la madre de toda ciencia y las cosas, si se hacen, hay que hacerlas bien. Si no quieres hacerlo, te invito a que regales este libro a otra persona. Son 30 minutos que necesitas para este ejercicio, que mejorará tu vida hasta el día que te mueras.

- Dedica 30 minutos a pensar, sin prisa alguna, que posibles creencias están limitando tu vida. Aunque tengas dudas, escríbelas. Haz una lluvia de creencias, de cosas en las que tú crees, pensamientos que recuerdas que te sueles lanzar a tu mente. Escribe, como mínimo, 10 creencias. Ayúdate buscando más ejemplos en internet, si lo ves necesario. Cuando no se te ocurra nada más, vuelve aquí.

- Escoge las 5 creencias negativas, falsas o limitadoras que crees que te hacen más daño. Esas creencias que crees que no te permiten ser natural, tan libre ni tan feliz. Hazlo y vuelve aquí.

- Ahora piensa con cada una de las 5 creencias, ¿cuál es la intención positiva? (Todo comportamiento de una creencia encierra una intención positiva. Por ejemplo: no aburrirte, sentir cariño, protegerte de las burlas, evitar los rechazos, sentirte valorado, amado...)

- Ahora trata de escribir con cada una de ellas, la Creencia Potenciadora. Viene a ser la creencia opuesta. Debes ayudarte con la intención positiva que esconde dicha creencia negativa. Te puedes preguntar… ¿de qué manera podría conseguir positividad siendo una creencia limitante? Te pongo dos ejemplos:

Ejemplo nº1:

- Creencia negativa: Estar en un grupo de extremistas religiosos, que me imponen prohibiciones, que van en contra de mi propio ser.

- Intención Positiva: Recibir aceptación, cariño, compañía, amor, amistad…

- Creencia Potenciadora: Buscar y estar en grupos que me acepten y que me quieran tal y como soy. Y, por supuesto, que no me pongan normas, que me aten y me limiten como si fuera un esclavo o un animal. ¡Que nada ni nadie, me corte las alas e impida que pueda seguir siendo, cada día, un poco más libre y feliz!

Ejemplo nº2:

- Creencia negativa: Soy una persona muy inocente y me cuesta comprender las cosas rápido.

- Intención Positiva: Evitar el rechazo y quedar mal ante los demás…

- Creencia Potenciadora: Dentro de mí, hay un potencial inmenso, una agilidad mental increíble a la que tengo ahora. Cuanto más practique, más lo iré viendo.

Un detalle curioso con este segundo ejemplo: *Date cuenta de que si sigues pensando que eres muy inocente (creencia negativa), los demás si verán tu inseguridad, tu falta de autoestima y confianza, verán toda tu sensibilidad, lo cual no es malo pero sí diferente y te tacharán de bicho raro, te mirarán mal, tú lo notarás, lo pasarás peor y provocarás más rechazo. Por eso, al aplicar una creencia potenciadora, te aceptas tal y como eres, te ríes de tu supuesta mierda y de tu proceso.*

*Cuando empieces tu proceso de transformación de creencias, al principio, es normal que aún sigas siendo un poco "inocente" y no seas tan rápido, mentalmente, en entender todo como el resto de tus compañeros. ¿Pero sabes qué? Tus risas del proceso, ya que te aceptas y quieres seguir mejorando, harán que en ti, se vea la seguridad, la felicidad, la autoestima, se verá la capa de grasa contra todo gilipollas que te trate de hundir y, entonces, no solo te aceptarán y querrán ser tus amigos, sino que tu seguridad, hará que mejores de una manera abismal, incluso superando a los que antes los llamaban los más avispados.*

Por cierto, estos dos ejemplos son reales. Son dos ejemplos que yo viví. Ahora es tu turno. ¡Tú puedes!

- ¿Cómo puede mejorar mi vida aplicando estas cinco creencias positivas? ¡**Escribe** y responde!

- ¿Cómo podría empeorar mi vida por estas nuevas creencias?

Espero que lo hayas escrito todo. ¿Cómo te sientes? Espero que satisfecho con tu trabajo y con esperanza de ver, muy pronto, una nueva versión de ti mismo.

Importante: si tu vida no corre peligro... que te la sude, olímpicamente, la opinión de los demás, si es que está en juego tu libertad y felicidad. Aparta los miedos y atrévete a vivir porque la vida son 2 putos días y no estamos para perder el tiempo. Merece la pena que saltes de alegría, quiero verte eufórico por haberte deshecho de cadenas, quiero verte llorar de alegría.

Cuando los demás te vean cambiado, habrá algunos que quieran escucharte y cambiar también, pero serán muy pocos (sus mierdas de egos no se lo permitirán). También, habrá muchos que refuercen su rechazo hacia ti, se rían de ti y te dirán que "te has iluminado".

*"El secreto del cambio es enfocar toda tu energía no en luchar contra lo viejo, sino en construir lo nuevo.".*

— Sócrates —

Tu cambio, lo cambia todo y es un cambio muy importante, un inicio de una gran transformación. Ya sabes que lo que crees, es lo que creas. Liberarte de creencias falsas y limitantes, cambia drásticamente tu realidad, y eso puede incomodar a quienes quieren seguir quejándose, presos en su jaula, pero que en realidad no quieren hacer nada "importante" en su vida. Porque a quien vive en un mundo de mentira, le cuesta mucho enfrentar y digerir la verdad.

## ¿Imposiciones en niños? Menos etiquetas y más desapego

¿Es ético programar la mente de un niño con una ideología minorista? ¿Está bien llevarlo a la iglesia, meterlo de lleno en la religión, donde le lavaran el cerebro para creer cosas que la ciencia no avala?

Muchos adultos llegan a las iglesias con vacíos emocionales, sin ilusión ni esperanza y se aferran a lo primero que pillan. ¿Crees que un niño tiene ese mismo vacío emocional? ¿Está bien hacerles creer que hay un cielo y un Padre sin tú tener base científica? ¿Está bien hacer creer a los niños que existen seres omnipresentes (Reyes Magos, Ratoncito Pérez...) que dejan regalos a los niños? Vale que sus caras de ilusión son increíbles, pero es una mentira y, además, las caras llenas de ilusión se pueden sacar de muchas otras maneras. ¿Es conveniente implantar normas en los niños que van en contra de la naturalidad del ser humano? ¡Qué impotencia! Ojalá no tuviera que hablar de esto, pero es de vital importancia. Sí, **vital**. Aquí, incluso, está en juego la propia vida de un adolescente, incluso la de un adulto. ¿Por qué? ¿Cómo crees que se siente un adolescente lleno de imposiciones y prohibiciones que van en contra de su propio ser? ¿Qué crees que puede llegar a hacer una persona que sufre de tal manera? *¡Por favor, José, que exagerado eres, en contra de su propio ser…!* ¡Qué impotencia! Sí, en contra de su propio ser, eso digo. Y te lo voy a aclarar pedazo de Australopithecus.

Estas normas, leyes, prohibiciones que diré a continuación, dependerán de cada grupo religioso, hay muchas variantes, pero al menos, te puedes hacer una idea…

- No tener sexo antes del matrimonio. ¿Por qué?
- No beber una copa con tus amigos (y no es por tema de salud). ¿Por qué?
- No ir a una discoteca a bailar y reír con tus amigos. ¿Por qué?
- No hacer una excursión grupal típica de un pueblo porque representa la ideología de otro grupo religioso. ¿Por qué?
- No escuchar música del mundo (música que no es religiosa). ¿Por qué?
- No ser militar o policía porque llevan armas (y no es por razones éticas o morales). ¿Por qué?
- No ver películas o series de terror o donde haya escenas de mucho sexo. ¿Por qué?
- No leer, o evitar leer, cosas que no sean lecturas religiosas. ¿Por qué?
- No decir tacos, insultos o expresiones más vulgares que incrementen la expresividad de la frase. ¿Por qué?
- No tratar de tener relaciones con personas de tu mismo sexo. ¿Por qué?
- No masturbarse pensando en otra persona y mucho menos ver porno. ¿Por qué?

Podría seguir escribiendo ejemplos, pero creo que son suficientes para entender el grado de importancia. Insisto, ¿es ético programar la mente de un niño con una ideología minorista? Sí, es minorista porque la mayoría de la humanidad no piensa así, pero aún hay miles de millones de jóvenes sufriendo por algo que no deberían de sufrir.

Son jóvenes que se sienten apartados del mundo, dicen que esta Tierra no es lo importante. Simplemente estamos de paso, lo cual puede parecer cierto porque vamos a morir. Pero, le quieren dar el significado, como que esto es un momentillo para la eternidad y la grandeza que está por venir. Por tanto, en esta breve estancia en la Tierra, en este instante donde Dios te va a evaluar, ¿qué más da si lo pasamos putas, llenos de prohibiciones y sufriendo? Lo importante está por venir, el paraíso... Mentes que les han hecho creer esto, es obvio que no valoran tanto la Tierra, su presente, su única puta estancia, su único puto paso o caminar... Se aferran a las leyes de Dios y aunque lo pasen mal, hay que persistir... Te voy a mostrar un texto religioso totalmente real:

*El que ama su vida la pierde; y el que aborrece su vida en este mundo, la conservará para vida eterna. (Juan 12:25 - Reina Valera)*

¡La madre que me parió! ¿Cómo coño se le puede inculcar esto a un chaval? ¡Es que me cago en la hostia puta! Sí, estoy furioso. ¿Por qué? Porque luego nos dicen: *"los padres pueden hacer lo que quieran con sus hijos, tienen derechos y libertad para enseñarles la religión que quieran, no deberías juzgarles y deberías respetar más"*.

Sinceramente y lo digo muy triste, enseñarle esa frase a un niño, es una tragedia. Y solo estamos hablando de un pasaje religioso. Imagínate si analizamos bien las escrituras religiosas. Bien es cierto, que también se dicen cosas que inculcan valores muy buenos (para mejorar y tener controlada a la sociedad), pero luego escriben cosas así y la cagan olímpicamente. Impiden que una vida disfrute en abundancia, impiden que **viva**, que sea libre, como un animal en su hábitat e impiden que aumente su felicidad. Otra frase religiosa totalmente real:

*No amen al mundo ni nada de lo que hay en él. Si alguien ama al mundo, no tiene el amor del Padre. (1 Juan 2:15 - Reina Valera)*

Siento tristeza al leer esto, porque esa frase ya no la practico (ni harto de vino), pero sigue grabada en mi cabeza. ¡Qué puta vergüenza! Si alguien se ofende, que le den morcillas y alcachofas. Por favor, humanidad, no podemos tolerar algo así. Para mí, mi vida y este mundo significaba, cuando era adolescente, una puta mierda, incluso mi sufrimiento también era una puta mierda. Lo importante era que "Dios" me estaba viendo todo el tiempo y evaluando. Lo importante era el maravilloso cielo que me estaba esperando.

Cuando llegué a un punto crítico de sufrimiento y cuestionamiento de vida, cuando todo explotó; tuve dos alternativas: quitarme la vida, suicidarme o empezar a **vivir**. Y si estás leyendo esto, es porque empecé a vivir de nuevo. Pero fueron muchas noches las que imaginaba como estrellaba mi moto contra un camión a toda velocidad.

Es demasiado triste saber de jóvenes que han escogido la otra opción, se me encoge la vida y el corazón, se me inundan los ojos y mis dedos se mueven cada vez más rápido, queriendo escribir más y ayudar lo antes posible. ¡Estás en un buen lugar para, verdaderamente, nacer de nuevo y empezar a **vivir**!

Algo muy triste también, es que hay personas que nunca se atreven a hacer nada, siguen en esos grupos religiosos, que te prometen libertad, salvación y felicidad, pero luego te sientes como un putísimo pájaro encerrado en una jaula y no trates de piar (hablar) mucho, que te dan un "bibliazo" en la cabeza, o el libro de la religión que quieras.

Fíjate en esta definición de creencia:

*"Las creencias son imposiciones intelectuales, basadas en el miedo, creadas generalmente por nuestra cultura y religión para manipularnos y tenernos controlados".*

Habrá gente que aún piense que Satanás me está usando para engañar y hacer daño, quizás soy el anticristo. Y esta gente lo cree con total certeza, porque es lo que hay implantado en su mente. Por una parte, te podría decir que, en verdad, no tienen los suficientes huevos para afrontar la realidad de la vida, para verse desnudos delante de un espejo, sin máscaras, sin filtros, sin pantallas y preguntarse, ¿quién soy yo? En parte es así, no se atreven, pero ellos no lo saben... Simplemente piensan que están en lo correcto y yo en lo incorrecto.

Claro está, al igual que yo, yo pienso que mi forma de pensar es más correcta, más acertada que la de ellos, por eso quiero seguir pensando así. Pero hay dos grandes diferencias entre ambos grupos...

Uno, los religiosos, no están dispuestos a cuestionarse en gran manera, no están dispuestos a poner a prueba sus creencias, a filosofar, a entender más allá de lo que les han enseñado y si lo intentan un poquito, salen corriendo, diciendo: *"esto es una pérdida de tiempo, Satanás te usa".*

Y dos, los no religiosos, al menos mi caso... soy un gran policía porque he sido un gran ladrón. ¿Entiendes la frase hecha? He estado de lleno en el bando de los religiosos, yo era el que decía: *"Satanás te está usando, aléjate de mí".* Era un gran adorador y así lo decían mis responsables de iglesias. ¿Pero sabes qué? Un día, tuve los santos cojones de **cuestionar**. ¡Bendita palabra! Tuve los santísimos cojones de poner en tela de juicio mis creencias. ¿Por qué? Porque me daba cuenta de que, había algo que no terminaba de ser natural en el ser humano. En general, esto se traduce en un dolor muy fino pero continuo. Pero claro, por el supuesto cielo, aguantamos y hacemos lo que sea, hasta despreciar y tirar por la borda **tu presente**, lo único real y verdadero que tienes y que tendrás. Pero muchos, a pesar de pensar esto, inhiben ese pensamiento de duda, súper rápido, por miedo a ser rechazados, a quedarse solos, a verse desnudos ante su realidad y no saber que hacer...

Creo que no deberíamos de tener religiones. Y a quien le vuele la cabeza y pierda el control, por no saber afrontar la realidad de la vida, ya que siempre ha estado viviendo detrás de una telaraña; pues que se joda, tiene que espabilar y aprender. Las religiones y etiquetas limitan la humanidad. Obvio que es importante tener leyes generales que nos garanticen la seguridad. Pero de ahí, a que nos priven de la libertad, maquillándolo todo con mentiras, falacias, sobreactuaciones, masas de intereses, dinero y un supuesto paraíso... pues no, no paso por ahí.

Es natural dejar que cada uno tenga sus diferentes puntos de vista. Eso es bueno, así todos aprendemos de todos, si sabemos achicar el orgullo y escuchar con humildad. Mi religión, si quieres llamarlo así, es cuestionar y aprender siempre, hasta el día que me muera. ¿Por qué? Para así garantizar tener bienestar en todo mi caminar. Soy un libro abierto, un libro en blanco que quiere conocer nuevas escalas de bienestar, disfrutando al máximo de esta que tengo, y así ser, cada día, un poquito más libre y feliz. Ese proceso de mejora continua, sin dependencia de ello, es alucinante. Y mi intención es que, esa misma sensación, la sientas leyendo este libro.

# CAPÍTULO CUATRO

# Eres un virus mugriento

*"El virus más peligroso y contagioso es la ignorancia del ser humano".*

— Anónimo —

V aya título, ¿no? Pero ¿quién es un virus mugriento? Pues tú, tus hijos, tu madre... todos sois un virus bien mugriento. Y sí, por supuesto, yo también, todos somos un virus.

En primera instancia, puede que pienses... ¿qué le pasa a este hombre? ¿Se ha vuelto loco? ¿Tan poco le gusta la humanidad? No se trata de eso... Te lo quiero explicar. ¡Muy atento!

El límite del Universo visible desde la Tierra está a 46.500 millones de años luz, en todas las direcciones. Es decir, un diámetro de 93.000 millones de años luz. Todos entendemos que un año luz es una medida de mucha distancia, ¿pero tienes idea de cuánto? Un año luz son, nada más y nada menos que, 9'46 billones de kilómetros en un año a la velocidad de la luz. ¡Dios mío! ¡Qué barbaridad! Nuestra mente no es capaz de imaginarnos tal magnitud. La investigación que corrobora estos datos se basa en la observación de las galaxias más lejanas y en lo que se conoce como radiación de fondo de microondas, es decir, en captar la luz que nos llega de los objetos más lejanos.

Vamos a situarnos un poco. Nosotros vivimos en nuestra casa o en un nuestro piso. Nuestro hogar está en un pueblo o una ciudad de un cierto país. Nuestro país, pertenece a un continente (aquí nuestra mente ya no es capaz de asimilar tanto territorio). Nuestro continente pertenece a esta bola de masa llamada el Planeta Tierra. Luego, sabemos que hay más Planetas, estrellas, un sol, una luna... y todo esto, y más, pertenece al sistema solar.

El Sistema Solar es un conjunto formado por el Sol y los ocho planetas que giran a su alrededor. Además de estos elementos, hay otros cuerpos que también orbitan alrededor del gran sol, como los satélites de cada planeta, los cometas o los asteroides. Habrá gente que este tema le parezca aburrido y habrá gente que le parezca de lo más interesante, la cuestión es que vas a entender el porqué del título de este capítulo, el cuál es una verdad y hará que veas la vida de otra manera.

Fíjate, el Sistema Solar (el cual es inmenso en comparación a la Tierra) pertenece a una galaxia, otro lugar de mayor tamaño al que le damos un nombre distinto. Para que te hagas una idea, si el Sol midiera 1.5 metros de diámetro, la Tierra sería del tamaño de una canica y colocada a 176 metros de la gran estrella, el Sol. Es difícil imaginarse todo el tamaño del Sistema Solar y ya ni te cuento de la Galaxia Vía Láctea, a la cual pertenecemos.
Para ser un poco más exactos, la Vía Láctea tiene un radio de 52.850 años luz, algo inmensamente grande, una barbaridad difícil de imaginar, que se escapa a nuestro control, ¿no crees?

Fíjate, si pudiéramos mirar la galaxia (Vía Láctea) desde arriba, como si fuésemos un pájaro que lo puede ver todo, el Sistema Solar sería como un grano de arroz bien pequeño y el Planeta Tierra no se podría apreciar. Es increíble pero bien cierto que nuestra galaxia, la Vía Láctea es descomunalmente grande para nuestra imaginación. Somos un punto casi indetectable en nuestra Galaxia. Imagínate todo lo que tiene que haber por ahí, todo lo que aún queda por descubrir.

Ahora bien, ¿y si te digo que hay una Galaxia llamada la ESO 306-17 que es 19 veces más grande que la nuestra? Compara 52.850 años luz con 1 millón de años luz. La diferencia es inmensa, ¿verdad? Pues 1 millón de años luz es lo que mide, en diámetro, la décima galaxia más grande del Universo, solo la décima, imagínate el resto y las que quedan por descubrir... La galaxia ESO 306-17 fue descubierta en 1826, es una galaxia elíptica que, según las investigaciones, habría absorbido a otras galaxias cercanas, de ahí su gigantesco tamaño. Está a una distancia de 493 millones de años luz de nosotros. Pero entonces, ¿cuántas galaxias hay? Alrededor de 100.000 millones de galaxias en todo el cosmos (El Universo). Y recuerda que cada galaxia tiene aproximadamente 200.000 millones de estrellas.

Si comparamos la galaxia más grande del Universo (6 millones de años luz) con la nuestra, hay una diferencia tan grande que toda nuestra galaxia es casi inapreciable y el Planeta Tierra totalmente inapreciable. Ahora, compara todo el Universo a nuestro Planeta Tierra o, mejor dicho, a tu casita bonita o a tu propia vida... ¿No te das cuenta de que para el universo eres un virus mugriento? Sí, eres como un resfriado, una bacteria que ha aparecido, que es inapreciable (si no es con microscopio), que morirá y desaparecerá en un instante de tiempo muy pequeño.

Según investigaciones, es muy probable que haya habido otros soles, otros planetas, galaxias... Planetas donde haya habido vida y hayan terminado extinguiéndose. Tal cuál como un virus. Vienen, se reproducen, se van y así sucesivamente. Es curioso que nuestro Planeta Tierra tiene una vida limitada pero la gente no es consciente de ello. El puto ego ciega a las personas y hace que solo les importe su vida y su estancia aquí. ¿Y los demás que van a venir? Pues que les den, lo importante es mi vida, ¿no? ¿Y no piensas que tu vida ahora está bien gracias a gente que se ha esforzado en el pasado? Por eso, si sabes agradecer las cosas, ser un humano y tener empatía, estoy seguro de que mirarás por no contaminar y cuidarás mucho más este planeta, el cuál es de todos.

Pero hay todo tipo de personas, al igual que todo tipo de virus como en el mismo cuerpo humano; hay tumores benignos, que no son malos, que se reabsorben sin problemas y hay tumores que son la puta hostia de malos, malignos, cáncer, que solo quieren destruir y no paran hasta acabar con toda vida.

Por cierto, el universo también está en constante cambio y sigue evolucionando. Seguro que has escuchado hablar de Andrómeda. Es una galaxia espiral con un billón de estrellas y de tamaño similar a la nuestra, además es la más cercana. Esta galaxia, también llamada la M31, se está acercando a nosotros a unos 300 kilómetros por segundo y especulan que ambas colisionen en unos 5.860 millones de años, fusionándose en una galaxia mayor, evento conocido como Lactómeda.

¿Crees que la Tierra tiene fecha de caducidad? Aparte del cambio climático que nosotros mismos agravamos, se estima que, dentro de 5 mil millones de años, el Sol agotará el combustible que mantiene la fusión nuclear en su interior y se convertirá en una bola gigante roja. Nuestra estrella crecerá tanto que engullirá a Mercurio, Venus y la Tierra, para después desintegrarse dramáticamente y comenzar el proceso que la convertirá en una enana blanca, eyectando más de la mitad de su masa. Para entonces, la vida en nuestro planeta habrá desaparecido desde hace tiempo. El aumento gradual de la luminosidad del Sol en los primeros 800 millones de años, aumentará la temperatura y la radiación, haciendo inviable las últimas formas de vida que se conservarán en los polos.

Como te puedes imaginar, la vida, con forme pase el tiempo, será muy diferente a la que conocemos. A pesar de que, puede parecer algo apocalíptico, los seres vivos se irán adaptando, hasta la completa extinción. ¿Te parece triste? Así funciona el universo e insisto, posiblemente, ya habrán pasado muchos planetas con vida por aquí.

¿Has escuchado hablar del Big Freeze? También conocido como la muerte térmica, es uno de los posibles estados finales del Universo, en el que no hay energía libre para crear, mantener la vida y otros procesos. En términos físicos, el Universo habrá alcanzado la máxima entropía.

¿El Universo es infinito? Muchos afirman que no, que tiene límites, que es finito, vamos, que hay un fin. Otros hablan de que todas las evidencias, indican que el Universo no tiene bordes, o sea, que sería infinito. Puede que te estalle la cabeza pensando esto, pero date cuenta de que estamos pensado en cosas demasiado grandes, de forma literal, preguntas que, a día de hoy, se escapan a nuestro control. Hay una inmensidad tan grande en el Universo que no controlamos, que es perfectamente posible que ahora mismo, haya otros Sistemas Solares y Planetas con vida, en partes del Universo u otros Universos que no podemos explorar ni llegar a comunicarnos.

Entonces, ¿es posible que haya más de un Universo? Tranquilo que ya terminamos estas rayadas de cabeza... Muchos científicos y expertos coinciden en que sí es posible, aunque aún no se pueda demostrar que hay algo más allá del Cosmos.

Con todo esto, yo lo que he querido es que hagas consciencia de la magnitud tan grande a la que pertenecemos. Así, podrás entender que tú no eres lo más importante. Lo que quiero conseguir es disminuir un poco tu ego, prepararte para que luego entiendas bien todo lo que hablaremos sobre la muerte, lo cual es algo totalmente natural y muy cercano, quiero que sepas practicar el desapego y así, con todo esto, puedas distinguir que es lo realmente importante, en estos 2 putos días de vida que vas a estar aquí.

Sí, somos un virus mugriento a punto de desaparecer y sí, la vida son 2 putos días. Por eso, merece la pena espabilar, despertar y empezar a **vivir**. ¿Por qué? Porque ya que nadie te ha preguntado si quieres estar aquí, al menos lo que estemos, que sea con el mayor bienestar posible y disfrutando desde lo más hondo de tu ser hacia afuera. Esto es muy importante. Si quieres acercarte, cada vez más, a la verdadera felicidad, tendrás que empezar a trabajar desde dentro. Si pretendes empezar a ser feliz con las cosas exteriores, mientras tu interior está hecho una puta mierda, muchas veces sin darte cuenta, entonces... todo se desmoronará. ¿Cuándo ocurrirá eso? Pues cuando vuelvas a estar solo y te quiten los juguetes y distracciones de tu supuesta felicidad. Por eso, es súper importante que leas.

Estás por el buen camino, querido lector. Leer y aprender contenido que te aporta valor, te ayuda a crecer desde el interior, te ayuda a aceptarte, a amarte, a valorar lo que tienes, a tener una ambición sana por vivir, te ayuda a disfrutar mucho más el instante, a ser alguien más humano, lleno de bondad, de seguridad...

Luego, como bien sabes, hay gente bien estúpida, que te dificulta la vida. Pero si tu entrenas tu mente a diario, tendrás una ilusión increíble al ver que estás creciendo y eso, te protegerá muchísimo contra las amenazas de gente gilipollas. Es increíble, tú no te darás cuenta, pero no le prestarás tanta atención a ese tipo de gente. Este libro y todo contenido de valor, es la vacuna contra los peores virus mugrientos, y los peores no tienen por qué ser los agresivos o los que matan a otros, pueden ser los que te intentan chantajear psicológicamente y los que tratan de robar tus sueños y tu alegría sigilosamente.

¿Por qué hay personas que se creen el centro del Universo? Te pongo, a continuación, un ejemplo un tanto gracioso.

Imagina que lo más grande que existe es el Planeta Tierra, imagina que no hay más Planetas, Sistema Solar, más Galaxias ni Universos. Solo existe el Planeta Tierra. En verdad, así es como vive la mayoría de la sociedad, solo son conscientes de que existe la Tierra y viven como si no existiera nada más, como si esto fuera lo más importante y como tú ya bien sabes, La Tierra en comparación al Cosmos, es algo prácticamente indetectable.

Vale, entonces en este ejemplo que solo existe La Tierra, imagina que nos enfocamos en tu continente, más concretamente en tu país, en tu pueblo o ciudad, en tu casa, en ti mismo y finalmente, en una simple gripe que tengas ahora. Tú sabes que una leve gripe que se trata a tiempo, te va a durar entre 3 a 5 días de malestar. Digamos, entonces, que la vida de esas bacterias microscópicas es, por ejemplo, de una semana como máximo. Ahora bien, esas bacterias han nacido en tu interior y quieren estudiar, sacarse una carrera, tener un trabajito, una casita, más hijitos, soñar con llegar a recorrer todo tu cuerpo… y, al final, se acaban convirtiendo en bacterias arrogantes, llenas de ego, que luchan y se matan entre sí, que rompen tu cuerpo y que se creen lo más importante de La Tierra entera. O sea, que tenemos a unas bacterias microscópicas que no solo se creen lo más importante de tu cuerpo, sino de La Tierra entera. ¡Tócate las castañuelas! Una cosa prácticamente indetectable de 0.0005 milímetros de longitud se cree lo más importante de todos los 510,1 millones de km² que abarcan La Tierra. Ridículo, ¿verdad? Pues igualmente de ridículo me parece cuando un ser humano se cree el centro del Universo.

Ahora quiero preguntarte… teniendo en cuenta la magnitud de pensamientos que hemos tenido, ¿merece la pena esas rayadas de cabeza, esos pensamientos inútiles y repetitivos, preocupaciones, discusiones en la fila del supermercado, esos momentos de estados mentales negativos donde te haces la víctima y tú mismo te provocas malestar, envidia, celos, ira, enfados, desprecios, ser un gilipollas en toda regla, perder el tiempo…? ¿De verdad merece la pena? Yo, siendo consciente de tal inmensa magnitud y de esta insignificante estancia que pasaremos aquí, no puedo dejar de pensar que la vida son 2 putos días y si ya hemos desperdiciado uno, ya es hora de aprovechar este que nos queda.

Que eres un virus mugriento, al igual que yo, eso está claro. Ahora la decisión que debemos tomar es si queremos ser un virus benigno que aporte cosas bonitas o ser un puto cáncer que solo se preocupe por destruir y provocar malestar allá por donde pase.

# CAPÍTULO CINCO

# Una hormiga condenada a existir

*"Todo es importante, porque sólo a través de las cosas pequeñas se puede hacer una gran cosa".*

— Joan Manuel Serrat—

En este capítulo vamos a hablar de lo que es realmente importante y lo que no. Como ya sabemos, todo es relativo y las diferentes opiniones vendrán en función a tus creencias. Esto nos va a servir para entender un poco mejor quiénes somos, qué hacemos aquí, qué pasaba antes de nacer, cómo ser mejores seres humanos...

¿Quién es más importante, una hormiga o tú? ¿Por qué? Trata de pensar y responder, aunque te parezca absurdo. Está claro que la mayoría de los seres humanos dirán que ellos mismos son los más importantes, una hormiga es algo insignificante. De hecho, la mayoría de nosotros hemos matado hormigas cuando éramos pequeños, por pura diversión. ¿Por qué? ¿Por el tamaño en comparación a ti? O sea, ¿el tamaño es fundamental para el reconocimiento de la importancia?

Fíjate en este ejemplo. Imagina que estás en una conferencia muy importante de aviación, donde vas a aprender nuevas técnicas ante situaciones de emergencia. A continuación, el presentador dice: "*Con todos ustedes, tengo el placer de presentarles a una de las personas más importantes en el mundo de la aviación. Lleva más de 20 años siendo piloto. Su destreza y su fuerza ante situaciones de emergencia, ha permitido salvar las vidas de muchas personas en los aviones más grandes del mundo, está claro que ha nacido para ser piloto y surcar los cielos. ¡Un fuerte aplauso!*" Y de repente aparece en la tarima... Alicia, una mujer muy coqueta de 1.63 metros de estatura y delgadita. Ahora analizaremos, fíjate en el siguiente ejemplo.

Imagina que estás paseando por la ciudad y ves una gran obra, están construyendo un gran edificio. De repente, sale de la zona un camión de carga, bastante grande y muy sucio de barro. Y tú, como es habitual, miras por un pequeño instante al maquinista, para luego seguir mirando más cosas y, finalmente, seguir paseando... Pero, ha ocurrido algo. El maquinista era una chica, una joven rubia, muy guapa y sin saber por qué, te has quedado mirando más tiempo de lo normal.

Puede que a ti, estos ejemplos te sean indiferentes, pero muchas personas se verán identificadas y esto se llama Machismo Interiorizado. Al igual que también existe, por ejemplo, la Homofobia Interiorizada. Muy sencillo, atento a este próximo ejemplo.

Por una parte, observas por la calle un hombre y una mujer cogidos de la mano y se dan un besito mientras todos vais paseando. Por otra parte, observas por la calle, mientras vas paseando, a dos chicos cogidos de la mano y se dan un besito. Lo más seguro es que te quedes mirando a esta última pareja más tiempo de lo habitual que a otras parejas heterosexuales, incluso aunque lo veas como algo bonito, el hecho de quedarte más tiempo mirando, indica que no es "normal". Lo curioso es que a muchas parejas de un hombre y una mujer, tu mirada no se detendrá, seguirá navegando mientras caminas.

¿Qué es lo que pasa? Que somos una sociedad que está en plena evolución. No es que seamos unos homófobos o machistas de mierda, es que, como seres humanos que somos, tenemos inculcada una supuesta normalidad y no todos evolucionamos al mismo tiempo.

Si nos fijamos en la vida de nuestros antepasados, decenas de miles de años atrás, nos damos cuenta de que nos parecíamos más a los animales de hoy en día. Cuando vivíamos en cavernas, o incluso mucho antes, quien dirigía el cotarro era el más grande y más fuerte. No tenía nada que ver si era macho o hembra. Simplemente era quien podía dominar al otro, entonces el resto tenía miedo (por instinto de supervivencia) y obedecía. Así es la genética, normalmente el macho es más grande y, por eso, siempre ha dominado a la hembra. Ahora te pregunto, en esa época, ¿qué crees que pasaba si dos hembras o dos machos tenían algo más que una amistad? ¿Crees que los mataban? Por supuesto que no, al igual que no ocurre hoy en día con los monos y demás animales. ¿Qué crees que pasaba si en una manada de animales (por ejemplo ovejas), había alguna de diferente color? ¿La discriminaban y le hacían bullying? Por supuesto que no, al igual que no ocurre hoy en día con los distintos animales. Fíjate, por ejemplo, con los perros. Un perro saluda a todos los perros y es más feliz que una lombriz. Sí, saluda a grandes, pequeños, negros, blancos, hembras, machos, con más o menos pelo, a los que prefieren oler salchichitas o a los que prefieren oler higuitos... A todos saluda sin racismo, homofobia, machismo, ego ni gilipolleces. Por eso, siempre he dicho, que tenemos mucho que aprender de los animales.

¿Qué ha pasado? Que el ser humano ha evolucionado mucho, se ha convertido en un animal muy racional, lo cual puede ser muy bueno o también puede ser una puta mierda. Porque, en verdad, el ser humano, es el animal más destructor de la Tierra. ¡Ese eres tú, ese soy yo y es una vergüenza!

Es curioso que los hombres tengan el punto G, el lugar de mayor sensación y placer, en el recto y muy pocos se atreven a experimentarlo. Y como bien sabemos, en la mayoría, no es cuestión de miedo, sino del qué dirán... No digo que sea necesario que a un heterosexual le tengan que meter un aparato de 21 cm, lo cual tampoco pasaría nada, bueno sí, se le irían un poco los ojos para atrás. Lo que quiero decir es que hay muchísimos hombres heterosexuales que dejan que sus parejas les hagan dedos o no les importa practicar, con algún juguete, mientras tienen sexo. Estas parejas lo disfrutan muchísimo y pueden tener orgasmos increíbles, en cambio, hay otros hombres que dirán: *"¿Pero cómo se te ocurre pedirme algo así mujer? A mí, ni el pelo de una gamba"*. Muchos de los que dicen eso, luego suelen ser los más machistas, homófobos y, además, maricones.

Obviamente, hemos mejorado muchísimo, en algunas partes de La Tierra, en cuanto a derechos e igualdad. Hace menos de 100 años, las mujeres tenían prohibido hacer muchísimas cosas que hoy en día es normal (como fumar, conducir, tener cargos importantes, votar, vestirse con libertad, divorciarse, abortar, ser militar...), en las fábricas y en algunos lugares públicos, había baños para personas negras y personas blancas, a los homosexuales los mataban o los llevaban a la cárcel y la gente callaba, etc. Aparte de esta mejoría, no en todos los países del Mundo (por desgracia), en general, los seres humanos nos hemos vuelto seres súper egoístas, muy territoriales, seres discriminatorios, destructores... vamos que desde la vista de un águila, somos los demonios de La Tierra.

Te vuelvo a preguntar. ¿Quién es más importante, una hormiga o tú? ¿Y si hablamos de un perro o tú? ¿Quién es más importante, un gran león o tú? ¿Una ballena o tú sigues siendo más importante? ¿Y qué me dices de un gran bosque con cientos y cientos de árboles que ofrecen mucho oxigeno? ¿Todas las abejas del mundo o tú? ¿Qué es más importante, los océanos o tú? Creo que La Tierra, las 100.000 millones de Galaxias ni El Universo entero, serían más importantes que tu puto ego. ¡Pedazo de animal corrompido!

¿Cuál es tu creencia? Ahí radica la mayoría de tu pensar. ¿Dios nos creó a su voluntad, por arte de magia, en unos pocos días o todo ha salido del mar tras una evolución constante de millones de años? Es difícil creer que todo ha salido del mar teniendo en cuenta que somos una especie que ha evolucionado muy rápido. Nacemos con un cuerpo sumamente increíble donde cada detalle tiene una función específica. Parecemos como una máquina súper perfecta y nos cuesta creer y aceptar que todo ha salido del mar, de La Tierra, de millones de años de evolución. A pesar de que somos los animales más racionales, entiendo que es difícil, para la insignificante vida que tenemos, entender todo un proceso evolutivo tan grande. Solo mirándonos a nosotros, nos asombramos. Además, desde que hemos nacido, hemos visto como algo normal, y sin entender cómo funciona, toda la tecnología, todos los avances científicos... Es por eso por lo que ahora vemos un súper robot, una casa moderna, un coche eléctrico y pensamos que es lo normal, esta es la vida, así son las cosas... ¿Esta es la vida? ¿O todo esto, incluso tú, es una mierdecilla pinchada en un palo en comparación a la **vida**, a todo el Cosmos?

Es por eso que, cuando uno estudia ingeniería se da cuenta de todo el proceso que hay hasta llegar a construir un robot muy alucinante. Entonces entendemos que es una programación escrita en un ordenador, paso a paso, detalle a detalle, movimiento a movimiento, todo un proceso de construcción de las piezas, del ensamblaje, de probar y volver a escribir el código de programación muchas veces... Es por eso que, cuando uno estudia medicina, se da cuenta de la obra maestra que poseemos, de lo alucinante que es el proceso de adaptación al medio en el que estamos, con el paso de millones de años. Cuando piensas, estudias y analizas, vas entendiendo cómo funciona cada parte del mundo y no haces de todo un mundo.

Por ejemplo, el aceite de oliva. ¿Crees que Dios les dijo a los primeros humanos que exprimieran el líquido dorado para cocinar mejor y dar un buen sabor a los alimentos? Podría ser, claro. O también, podría ser que algún loco e iluminado, metiera algunas olivas al fuego, viera que es comestible y que tiene un sabor intenso. Luego otro lo mezclara con carne u otro alimento y viera que le da buen sabor, luego otro se dio cuenta que solo con el líquido del fruto (aceite) quedaba un sabor más fino, luego la idea se fue expandiendo y, finalmente, podría ser que lo nombraran como un producto para cocinar. La ciencia, más tarde puede que lo catalogara como un producto graso, etc. Estamos hablando de un proceso evolutivo, y lo mismo tiene que ocurrir en tu mente, para lograr tus putos sueños, pero si tú solo ves aceite para la cocina de toda la vida que se compra en el supermercado, pues lo tienes jodido. ¡Hay que pagar el precio! ¡Tienes que atreverte a pensar y querer saber de dónde salen las cosas, quién eres tú!

Atento a esto. Imagina que sí existe Dios. ¿Tú crees que Dios valora más a un hijo agnóstico o a un hijo extremista?

A un hijo agnóstico me refiero alguien que cuestiona, que no se cierra, que quiere pensar, aprender y siempre estará dispuesto a explorar nuevos caminos si ve que es de oportunidad.

En cambio, un hijo extremista, me refiero a esas personas que mediante imposición, tienen unas creencias internas que sirven como tapadera para los miedos, una doble vida, incertidumbre, no saber llevarse a sí mismo... y entonces, no están dispuestos a escuchar, cuestionar ni ver otras opciones que puedan atentar con lo que ya tienen. Son conformistas llenos de miedos que han encontrado un mínimo nivel de bienestar. Si yo fuera Dios, tengo muy claro a quién valoraría mucho más, de quién estaría mucho más orgulloso...

Por instinto de supervivencia, casi siempre vamos a poner nuestra vida por encima de cualquier cosa. Pero ¿eso hace que una hormiga sea más importante que yo? ¿Eso me da derecho a matarlas a mi gusto y placer? ¿Eso me da derecho a talar todos los árboles que me venga en gana? ¿Eso me da derecho a quitarle la cría a una vaca y exprimirle las tetas durante años como si fuera una puta? ¿Eso me da derecho a criar animales en masa, sin que apenas tengan vida (muchos de ellos no ven el sol, se desperdician, les meten un tubo por la boca para inflar su hígado, los maltratan...), para abastecer a una sociedad con falta de educación alimenticia, perezosa, que no sabe que antes la caza era la vida, que no entiende de ganadería sostenible y que se le olvida, que ellos mismos, también son animales?

En mi anterior libro, «*ESPABILA DE UNA PUTA VEZ*», ya hablé mucho acerca de la nutrición, la leche y sus derivados, alergias, cáncer, la carne, el tema vegetariano, la combinación de alimentos y los ácidos del estómago, digestión, energía... No voy a entrar en detalle, otra vez, con todos estos temas pero sí quiero que quede algo claro; no defiendo, por ahora, a los carnívoros ni a los vegetarianos / veganos. Lo que sí defiendo es que no se trate a los animales como una puta mierda. Todos venimos del agua, todos somos lo mismo. Es verdad que puede haber sobreexplotación de personas, es verdad que hemos sido y somos depredadores que "cazamos" y nos comemos a otros, pero tal y como hoy en día se trata al Planeta y a los animales, es una puta vergüenza. ¡Pedazo de cavernícola! Bueno, en verdad ellos lo hacían mil veces mejor.

Luego viene el típico que te dice: *"La carne está buena, se come y punto"*. Quien te habla así, es alguien patético que no sabe debatir, que no sabe pensar, reflexionar, cuestionar, abrir un libro, plantearse cosas en su vida y, quizás, cambiarlas. ¿Qué sería de ti si fueras una vaca o un pollito? Posiblemente te la sudará olímpicamente, ya que eres un "humano", no te gusta reflexionar y no es un ejemplo que pueda convertirse en realidad.

Luego viene otro típico que te dice: *"La homosexualidad no es normal, los machos entre sí, no se pueden reproducir".* ¿Y tú eres normal? ¿Qué es lo normal? Hay parejas heterosexuales que no se pueden reproducir, siguen siendo heterosexuales y no los discriminas. Incluso, que no puedan tener hijos, podría ser hasta mejor, se puede adoptar y dar una oportunidad a alguien, en vez de tanto sobreexplotar El Planeta. Además, ser heterosexual o homosexual es una cuestión de atracción y sentimientos profundos. Ten en cuenta, que una persona así no quiere escuchar, su ego rebotará toda buena palabra tuya. Lo mejor que le puede pasar, a este tipo de gente, es una depresión, que toque fondo y que alguien le regale libros, o bien, que se enamore de una vaca que ha sido maltratada y, por otra parte, le salga un hijo homosexual.

Te vuelvo a preguntar. ¿Por qué una hormiga tiene que ser más importante que tú? ¿Por qué tiene que haber etiquetas de cosas más importantes que otras? Nada ni nadie es más importante que nada ni nadie. Otra cosa es el poder o la influencia que alguien pueda ejercer, pero de ahí a la importancia, hay todo un Universo de por medio.

Todos somos animales, todos somos fruto de una evolución y todos venimos e iremos a un mismo lugar. Todos hemos venido en pelota picada (desnudos) y todos acabaremos en un cementerio. Bien es cierto que estamos condenados a existir, nadie nos ha preguntado. Aquí, todo ser está "viviendo" y con su propio instinto de supervivencia. Ya seas tú, una hormiga o yo, estamos condenados a existir. ¿Es algo malo? No tiene por qué. Aunque tampoco conocemos otra cosa para compararlo.

¿Merece la pena vivir o estar vivo? Desde el punto de vista de la filosofía, por ahora, me da miedo responder con toda naturalidad, ya que aún puede haber lectores con mentes muy débiles. Más adelante, trataremos este tema en profundidad.

La pregunta es, ¿quieres **vivir**? Mucha gente existe pero no **vive**. Claro que este, es un tema relativo. Pero para ti, ¿qué es

**vivir**? Ya sé que, según el diccionario, estar vivo significa que has nacido y aún no has fallecido. Con esta palabra, **vivir**, quiero ir más allá, es al igual que la **felicidad**, son palabras muy grandes. Para mí, un animal está mucho más **vivo** que muchos seres humanos. Por eso, la siguiente parte del libro, va a tratar temas importantes desde el punto de vista de la filosofía, para que entiendas que muchos están muertos en vida, pero muchos otros quieren empezar a **vivir**.

# EXISTES, ¿PERO VIVES?

# Introducción SEGUNDA PARTE

La ignorancia de muchos llega hasta tal nivel que es vomitivo. Ya no solo por gente llena de ego, con valores pésimos, llenos de rabia, envidia, con malos modales, poca educación... Sino que además, hay gente que les gusta confrontar todo tema de conversación, no por aportar valor, sino por llevar la contraria a todos, viven del disfrute de ir en contra de todos, ya que ellos mismos se sienten como una mierda. Y ni hablemos de los acosadores, maltratadores, personas guarras y sucias que contaminan por dinero sin pensar en todos los que van a nacer... Podríamos poner miles de ejemplos. La cosa es, ¿qué hacemos con tanta ignorancia? Porque el puto problema es que ellos mismos no se dan cuenta. Padres criando a sus hijos como una puta mierda. Vale, sonará exagerado... ¡Y sí! Esos padres los llevan a la escuela, les dan "buenos guisos" de patatas para comer, les dan regalos por sus cumpleaños... y luego, esos niños, acaban teniendo una doble vida por no aceptarse tal y como son. Para mí, eso es un puto sufrimiento, una educación de mierda y eso, no es **vida**.

Muchas personas se pasan toda la vida sufriendo por cosas innecesarias. Ellos te dirán que están bien, pero porque no conocen otra cosa. Es agonizante y me da pereza hablar de esto, porque debería ser tan natural el hecho de ser libre, el disfrutar, el no sufrir... Pero la puta sociedad, y yo me incluyo porque también me lavan el cerebro, nos la ha jugado muy bien.

Por eso, creo que es indispensable pensar, discurrir, razonar, considerar, controvertir, debatir, preguntar, cuestionar, meditar, reflexionar... ¿Quieres más palabras? Se trata de que le des a tu coco. Que por una puta vez en tu vida, hagas funcionar a tu cerebro a toda mecha, paga el precio hoy, esfuérzate un poco y así luego, pasarás el resto de tu vida en mejores condiciones mentales.

Para mí, todas las palabras anteriores se resumen en una:
**Filosofar**.

Hay demasiadas personas que existen, pero están muertas en vida. Por eso creo, que en esta segunda parte, conviene hablar de muchos temas que vivimos a diario pero desde un punto de vista filosófico. ¿Por qué? Porque la filosofía no te va a dar una respuesta concreta que va a misa y todo a la mierda, no. La filosofía te hará pensar y crecer, y eso te permitirá soltar y volar, o lo que es lo mismo, te ayudará a acercarte a la libertad y a la felicidad.

¡Hasta los cojones de la gente que dice que la filosofía no vale para nada! La filosofía, pensar profundamente, puede hacer que nazcas de nuevo, que empieces a vivir... ¡No hay suficiente dinero en el mundo para alcanzar el valor de este hecho! Parece que el sistema educativo a olvidado las preguntas... ¿Quiénes somos? ¿De dónde venimos? ¿A dónde vamos? Ahora solo importa el capitalismo, la fama y alimentar nuestra autoestima publicando fotos de comidas y sitios. La filosofía sirve para reflexionar sobre la vida, sobre el ser humano, para cuestionar las cosas y, por ende, para hacer una mejor versión de ti.

Es lógico que al estado y los pocos que controlan el mundo, no les interese personas que reflexionen demasiado. Es mejor para el capitalismo, que seamos como ratas de laboratorio o como borregos que van de aquí a allá.

La filosofía no es solo un conjunto de preguntas y verdades absolutas, la filosofía es poner patas arriba todo lo que damos por sabido. ¡Despierta! Te han hecho creer muchas cosas que podrían no ser la verdad que quieres tener. La filosofía es un estilo de vida que, generalmente, te ayudará a ser una mejor persona de lo que ya eres.

Platón decía que si no te planteas nada, ¡vives muerto! Te irás de esta vida como llegaste a ella; dormido. Filosofar es despertar y eso desasosiega, intranquiliza y tranquiliza a la vez, es doloroso y placentero al mismo tiempo. Pero en general, el nivel de bienestar que se siente es mayor.

Aristóteles decía que el mejor saber es el que no sirve para nada (únicamente para tu crecimiento personal). Es decir, saber por saber, no para obtener nada a cambio. Hoy en día, el que quiere saber y adquirir mucho conocimiento, lo ven como un bicho raro, como un pringado. Por eso, para muchos, la filosofía será una miserable col con acelgas hervidas y, para otros, un plato de caviar y hummus. En mi caso, me gusta la filosofía, saber más, la col, las acelgas, el caviar y el hummus.

Mi querido amigo lector, te quiero pedir algo; **duda de todo**. La filosofía nunca os dirá qué es la verdad, pero os ayudará a desenmascarar aquellas mentiras que nos venden como verdad. Por eso, duda de este libro y hasta de tu propia vida, duda de todas tus creencias y crecerás.

La filosofía, entre muchas otras cosas, te ayudará a conocer mejor a la gente que es muy diferente a ti y a entender que la realidad o la verdad, no es solo lo que has vivido tú.

La filosofía te ayuda, con el tiempo, a descubrir que la felicidad no es tenerlo todo, sino que se trata de no desear nada. La filosofía también te ayudará a ver que hay muchas explicaciones de las cosas y no lo que se ve a simple vista.

La segunda parte de este libro está dividida en 4 capítulos y cada capítulo está enfocado en diferentes corrientes filosóficas (diferentes modos de pensar).

Espero que después de esta parte del libro, puedas darte cuenta de que las palabras **VIDA, LIBERTAD** y **FELICIDAD** son demasiado grandes para tan pocas letras.

¡Vamos a por la Parte 2!

# CAPÍTULO UNO

# Lo que yo diga es sagrado y a callar

*"El mío, no es un problema con la vida y la muerte, sino con las imposiciones".*

— Raúl Ferruz —

En este capítulo vamos a hablar de dos corrientes filosóficas (formas de pensar) que no suelen ser las favoritas de los filósofos ni de nadie. ¿Por qué? Porque son estilos de pensar muy cuadriculados sin opción al cambio. Y entonces, ¿por qué hablar de estas corrientes? Porque, por desgracia, hoy en día, siguen siendo una realidad. Me estoy refiriendo a muchas costumbres, religiones, culturas, imposiciones que denigran la vida de muchas personas, personas que, inevitablemente, se atan emocionalmente, personas que entran en una cárcel donde su único alivio es tener una doble vida a escondidas...

Estas dos corrientes son de las más antiguas de la filosofía. Por una parte, tenemos el **Realismo** y, por otra parte, y la más antigua, tenemos el **Dogmatismo** (2.500 años atrás).

Lo bonito de la filosofía es que de todo podemos aprender, de lo "bueno" e incluso, de lo "malo". Por eso, de forma muy dinámica y entretenida, vamos a analizar todas las corrientes filosóficas, con ejemplos cotidianos que todos vivimos a diario.

El Dogmatismo se sustenta en conocer toda la verdad e interpretar la realidad. Es una forma de pensar basada en dogmas. ¿Y qué es un dogma? Es una doctrina o un sistema de pensamiento que se tiene por cierto y que no puede ponerse en duda. ¡Toma ya! O sea, que el Dogmatismo no acepta cuestionamientos.

El Realismo dice que la verdad es la realidad tal como es, no por como vemos las cosas, sino por cómo son por pura esencia, por ello está conformada por formas universales, que son reconocidas por todos los individuos. Puede parecer interesante, pero esto quiere decir que, lo que tú estás viendo y percibiendo no es importante, no cuenta, las cosas son como son y a callar.

Estas corrientes filosóficas no suenan muy bien que digamos, pero seguro que te suena Aristóteles, Heráclito, Pitágoras... Pues ellos representan estas corrientes y son filósofos que han creado inventos y formas de pensar que, hoy en día, utilizamos y es por eso que los seguimos recordando. Por eso, a pesar de ser corrientes más antiguas y estrictas, podemos seguir aprendiendo, porque de todo se aprende ya sea para hacerlo o apartarse.

El problema de los dogmas es que apartan la filosofía y cualquier corriente filosófica, llevándolo todo al extremo. Por tanto, un dogma es una forma de pensar que se ha radicalizado y, ahora ya no cabe el cuestionar ni cambiar nada. Pueden hacer daño o incluso matar. Por eso, quiero que estés muy atento a estos ejemplos reales y actuales, para que podamos filosofar y decidir si es algo que deberíamos expandir o es algo que deberíamos cortar por lo sano.

# Transfusiones de sangre

Seguro que a todos nos ha venido a la mente un grupo religioso. Se me hace un poco cuesta arriba tener que hablar de este tema, porque es algo tan ridículo como atroz, tener que dejar morir a una persona de forma innecesaria. Cualquier persona en un mundo desarrollado, sentirá que es una injusticia tan parecida al asesinato, dejar morir a una persona por unas escrituras "sagradas" de hace más de 2.000 años. ¡Ojalá solo fuera eso y ojalá fueran sagradas! El problema es que esas escrituras, manipuladas con el paso de los años, no dicen textualmente que si haces una transfusión de sangre a tu hijo, irá al infierno. No lo dice, pero este grupo religioso así lo interpretó porque les salió del higo chungo y se lo inculcan a sus hijos de generación en generación. ¡Qué vergüenza, qué desastre de mentes! ¿Qué diferencia hay con los grupos terroristas que matan a sangre fría? Muy poca, simplemente, que este grupo religioso lo hace de una manera muy elegante. ¡Es una puta lavada de cerebro, y no con agua, sino con mierda! ¿Te parece normal que una criatura, un niño que está empezando a vivir y solo quiere jugar, lo dejes morir por un puto cuento que te han contado, del cual no tienes ninguna prueba sólida?

Pues mi querido amigo lector, esto es un dogma en toda regla. Nada ni nadie les hará cambiar de idea. Lo que no entiendo es porque la ley no se ha enfrentado ya a estas creencias de mierda. Creencias que por desgracia, la mayoría, las maman desde bien pequeños y entonces, se convierte en una realidad para ellos, sin posibilidad de cuestionamiento. Tal cuál como un grupo terrorista. Ya hemos hablado de como estas creencias se incrustan en ti, son tapaderas de tu verdadero ser, de tu incertidumbre y es, sumamente difícil salir de ahí, pero no es imposible.

Ahora te digo, ¿y qué si en esas escrituras pusiera textualmente que no se puede hacer una transfusión de sangre? Yo lo tengo muy claro, me paso ese papel al igual que si fuera papel higiénico. ¡Basta ya de callar como ratas, coño! Me parece vergonzoso que no actuemos y decidamos impedir estas atrocidades. Porque esas mismas escrituras, aparte de estar escritas por hombres de hace miles de años, no son perfectas. Tienen valores buenos, sí. Pero luego, denigran a la mujer, condenan a los homosexuales, y es una vergüenza. Porque por esta mierda de escrituras, muchas mujeres se sienten inferiores, muchos hombres se piensan que pueden ser superiores a ellas, muchos homosexuales nunca experimentan su real vida o empiezan a vivirla muy tarde... ¿Y quién les devuelve esos años de sufrimiento y agonía? ¿Y quién les devuelve esa vida no vivida? ¿Y quién muestra la cara acerca de los suicidios?

Puede haber unos padres en ese grupo religioso, que defiendan con orgullo, educación, seguridad y mucha postura el por qué no se deberían hacer transfusiones de sangre. Incluso, pueden ser esos mismos padres que hagan esas charlas para inculcar al resto... ¿Pero qué pasa cuando uno de sus hijos pequeños necesita una transfusión de sangre a vida o muerte? Sí, tu hijo, ese con el cuál se te cae la baba cuando le das besitos, ese ser al que tanto amas, ese ser por el cuál darías tu propia vida... Pero ahora debes decidir si le das la vida o le das la muerte. ¿Qué crees que les pasa a esos padres? Pues que caen en la "tentación" de decir: *"a la mierda la religión, yo salvo a mi hijo"* El instinto paternal, los vuelve débiles ante la religión pero fuertes ante la vida. Y es entonces, cuando vienen los "sabios" o las personas mayores para "ayudar y dar apoyo". Con otras palabras más finas (ironía); vienen los más grandes hijos de puta, para acosar a unos padres de manera muy sutil y asegurarse de que puedan matar a su hijo. Si te parece fuerte la expresión - *hijos de puta* - puestas en un libro, para incrementar el tono, despertarte y llamar tu atención... infinitas veces más fuerte, me parece que se dejen morir a niños inocentes por esta causa.

¿Qué crees que opinaría esta gente si le dijéramos todo esto a la cara? Pues ellos alegan que son puras exageraciones. Que no mueren tantos niños en los quirófanos por estas decisiones. Alegan que muchos cirujanos pueden realizar intervenciones quirúrgicas con éxito sin transfusiones de sangre e incluso, pueden ser intervenciones más eficientes. La verdad, es que lo pueden maquillar como les salga de los pendientes reales, pero lo cierto, es que no se basan en medicina para tomar tal decisión, sino en un dogma religioso. Ellos dicen, según sus escrituras, que la sangre representa la vida y que, por tanto, hay que abstenerse por respeto a "Dios". Vale que habrá muchas operaciones que no necesiten sangre o que si se abstienen a usar transfusiones podría ser una intervención más eficiente... ¿Pero y si a tu hijo no le dan otra opción que hacerle una transfusión para salvarle la vida? Entonces, lo dejas morir o, más bien, lo "matas", ¿no?

Increíble como esta gentuza, con falta de humanidad, falta de desarrollo mental, quieren basar sus vidas y las de sus hijos, en textos de hace miles de años. Más increíble me parece que cojan un texto, lo interpreten a su manera (porque otras religiones no lo interpretan así) y traten de tener la conciencia tranquila, tras haber dejado morir sus hijos. ¡Lo podían haber impedido perfectamente! Sigo sin entender porque la justicia no se hace cargo de estos actos homicidas. Sigo sin entender porque este grupo sectario llevan smartphones hoy en día. Para algunas cosas si quieres modernizarte, ¿no? ¡Pedazo de capullo! Si yo fuera Dios, seríais los primeros en ir a ese lugar de fuego y azufre que nunca se acaba, a ese lugar de llorar y crujir los dientes por siempre, al mismísimo infierno.

## Prohibiciones e injusticias solo a las mujeres

En India, las mujeres se ven sometidas a realidades como la del matrimonio pre-concertado, trata de mujeres, ataques con ácido, aborto selectivo… Según datos de Woman Stats Project, más del 10% de las niñas, menores de 16 años, están casadas.

En Afganistán, más de la mitad de las mujeres, se casan con menos de 16 años e incluso, si son víctimas de violación, pueden ser obligadas por ley a casarse con su agresor, sin olvidarnos de las escasas oportunidades de acceder a la educación y de la baja esperanza de vida.

En Argentina, a día de hoy, las mujeres no pueden conducir trenes.

Siria se trata del país con más refugiados del mundo: 6,6 millones de personas han tenido que abandonar sus hogares para escapar de las atrocidades de la guerra. Un 80%, son mujeres y niños pequeños. Se ha denunciado la situación que viven las refugiadas sirias, donde están expuestas a explotación y acoso sexual, a través de las políticas discriminatorias impuestas por las autoridades.

En Somalia, más de lo mismo. Se han denunciado, en varias ocasiones, la situación que viven las niñas y mujeres que padecen "violencia sexual sin control". Algunas organizaciones, han mostrado su preocupación por el aumento de los ataques sobre mujeres y niños. Estos, son objetos de violaciones de grupos armados y bandidos, y muchas veces son obligados a casarse con los combatientes.

Las mujeres de Arabia Saudí pertenecen a una clase inferior, siempre tienen que ir acompañadas de un cabeza de familia, no pueden salir solas a la calle, deben ir vestidas específicamente, y sobre todo no existen leyes contra la violencia de género. No pueden hacer prácticamente nada, sin permiso del marido, por ejemplo; trabajar, asistir a una operación quirúrgica… En 2011 se aprobó el voto femenino y, aproximadamente, el 65% de las mujeres con educación, están desempleadas por las restricciones para acceder al mundo laboral. Poco a poco las cosas cambian, y este año han aprobado que las mujeres en Arabia Saudí, por fin, puedan conducir un coche en el país.

Estos son algunos de muchos otros ejemplos. Y aparte, habrá muchos otros ejemplos e injusticias, que no son públicos pero se tienen que soportar día tras día. ¿Por qué denigran así a la mujer? Pues mira es muy sencillo, son personas que no han evolucionado mentalmente. Están fuertemente agarrados a imposiciones religiosas y costumbres de hace miles de años. Pero si en teoría la religión es el buen camino, ¿por qué practican estas desigualdades? Porque en la mayoría de las culturas, el hombre, por cuestión de fuerza física y tamaño, siempre ha dominado a la mujer, pero esto ya lo hemos hablado... Una abeja no tiene por qué ser menos importante que un elefante. ¡Es cuestión de evolucionar, de **querer abrir la mente**! Y uno piensa, si somos muchas más personas en el mundo que vemos estas injusticias, desigualdades y atrocidades, ¿por qué no nos revelamos y hacemos algo al respecto? Porque esa gente poco evolucionada, no te darán la razón, ya sea porque no lo ven o por puro ego. El problema, es que se desencadenarían guerras. Obviamente ganarían los que luchan por los derechos de igualdad, ¿pero a cambio de cuantas vidas? La pregunta es, ¿esas vidas, esas mujeres, en verdad, están viviendo ahora?

# Prohibición de comer ciertos alimentos

¿Por qué los musulmanes y los judíos no comen cerdo? Sencillamente, porque así los programan mentalmente, suena feo, pero es así. Así los inculcan desde pequeños y se convierte en su realidad incuestionable.

Ahora bien, ¿en qué se basan? Principalmente en que el cerdo es un animal muy sucio, puesto que se revuelca en sus propios excrementos. Sin embargo, no es una razón suficiente para justificar por qué los musulmanes y judíos no comen cerdo, puesto que otros animales como las vacas, si permanecen en un recinto cerrado, pueden llegar a hacer lo mismo. Por si no lo sabías, el cerdo compensa su incapacidad para sudar refrescándose con el lodo limpio, pero si no dispone de este y el espacio donde habita no le permite refrescarse de otra forma, se cubre con sus propias heces. Cuanto más elevada es la temperatura, más sucio se vuelve el cerdo.

Otra idea es por causa de enfermedades. La triquinosis era provocada por la ingesta de carne de cerdo sin estar bien cocida. En los países de Oriente Medio, hay temperaturas de hasta 50 grados y hace cientos de años atrás, no contaban con la tecnología para conservar la carne de cerdo, que se descompone muy rápido, causaba diversas enfermedades y muertes.

En conclusión, la carne de cerdo podría haberse prohibido como un mandato divino para no consumirla y así evitar enfermedades y muerte. Tampoco esta explicación es definitiva, puesto que otras enfermedades de la época, provocadas por otros animales, eran mucho más graves que la triquinosis e incluso letales y los animales que las transmitían, no fueron prohibidos.

Otra idea, es que se condenó al cerdo, porque la cría de estos animales constituía una amenaza a la integridad de los ecosistemas naturales y culturales de Oriente Medio. Se trataba de zonas áridas, donde los animales mejor adaptados, eran los rumiantes: vacas, ovejas y cabras. El cerdo requiere campo y ríos, no produce leche, ni pieles, ni sirve para arar ni cargar y además, come lo mismo que el hombre. En definitiva, el cerdo se presentaba como un artículo de lujo, una tentación y hasta un competidor para el hombre.

¿Por qué te explico estas ideas con detalle? Para que veas que el inicio de estas leyes es incierto y, hoy en día, es absurdo. Y también, para que veas el poder de una buena lavada de cerebro, de una buena comedura de coco. Es increíble como se adoctrina y como se imponen dogmas, de tal manera que las víctimas, se ven incapaces de cuestionar nada.

¿Has escuchado hablar de alimentos Halal o alimentos Kosher? Halal, son los alimentos permitidos para los musulmanes y Kosher para los judíos. Quiero explicar, muy brevemente, en que consisten los alimentos Halal, para que así te des cuenta de que en los dogmas, no hay lógica ni naturalidad, simplemente hay costumbres, tradiciones, manías y exigencias. Que también sirva de ejemplo para entender los alimentos Kosher, ya que son dogmas sumamente parecidos.

Entonces, ¿qué son los alimentos Halal? Para determinar cuáles son considerados alimentos Halal ("lícito") o Haram ("pecado"), se recurre a los versos del Corán, el libro sagrado del Islam. Bien, pues está prohibido cualquier carne que se sacrifique en nombre de cualquier otro dios que no sea Allah, carnes procedentes de animales muertos por golpes o estrangulamientos, carne de animales que hayan muerto de forma natural, la sangre de los animales, toda carne de cerdo, de jabalí y de aves con garras... Las carnes, serán consideradas Halal, siempre que el animal sea sacrificado siguiendo el proceso propio de la cultura musulmana o rito Halal. Consiste en que los animales deben ser sacrificados por un matarife musulmán, el sacrificio se debe hacer mediante degollamiento de un solo corte, en el momento del sacrificio, el animal debe estar mirando a la Meca y los animales no pueden ser aturdidos. Puede que la carne Halal, sea más natural que una de supermercado, llena de hormonas... Pero, aparte de que no siempre podrás garantizar que sea más sana, ¿por qué hay que tratar así a un animal? ¿Pensarías lo mismo si fueras un cordero? Como puedes imaginar, ha habido mucha polémica con respecto a este rito. Muchos defensores de los animales han salido en su contra, incluso en Bélgica han prohibido estas técnicas religiosas.

¿Y qué me dices de la cuaresma o muchos cristianos que no quieren comer alimentos de sangre? En el cristianismo, también existen prohibiciones tan rígidas como en el judaísmo, pero en el Nuevo Testamento todas estas prohibiciones fueron claramente retiradas. Sigue habiendo grupos de protestantes más estrictos, e incluso radicales. La cuaresma es un ritual que prohíbe comer carne, ciertos días de la semana durante un tiempo. Así, se preparan para la Pascua y arrepentirse de sus pecados, con la práctica del ayuno y de la abstinencia. El color litúrgico de este tiempo es el morado, que significa luto y penitencia por la muerte de Jesús. ¿Qué pasaría si a esa pobre mujer le quitas la cuaresma? Pues que se moriría del aburrimiento, le da entretenimiento y sentido a su vida. Sí, hasta tal punto se auto-flagela la mente humana sin darse cuenta.

Algo muy curioso de los religiosos que no quieren comer alimentos de sangre, es que, sin darse cuenta, sí lo están haciendo. Entonces, lo importante no es lo que se meten en la boca, sino lo que digieren en la mente. Me explico, aunque dichas personas dicen que desangrando a los animales no comen sangre, lo cierto es que el cuerpo contiene millones de capilares que llegan a todas las células del cuerpo y en ellos siempre permanece sangre. Por tanto, al comer carne, se come sangre. No existe ningún estudio científico, que diga que al salar la carne, ésta queda completamente sin sangre: aunque a la carne se la ponga a salar, en ella siempre queda algo de sangre que se come. Por lo tanto, quienes siguen estos dogmas, no deberían comer carne.

## Si quieres tener sexo, antes te casas

¿Por qué? Porque lo dice la escritura de mi religión, no hay nada más que hablar, cállate y a obedecer. Por cierto, no te masturbes, no veas porno, ni se te ocurra usar preservativo y mucho menos abortar. ¿Por qué? Porque hay que tener contento al "Creador" y así luego, nos dejará entrar en el paraíso. ¡Espero que se haya notado la ironía!

Creo que con lo que llevamos de libro, ya sabes perfectamente cómo funcionan estas mentes retorcidas. Ya hemos hablado, de manera psicológica, como maquinan dichas personas. Mi consejo, si estás en algún grupo así, es que salgas corriendo lo antes posible. No te detengas para recoger tus pertenencias ni para cerrar la puerta. No pierdas ni un segundo más en ese lugar. Si te vas, perderás muchas cosas, quizás te abandonarán, llorarás, sentirás que la has cagado y pensarás, ¿hacia dónde voy ahora? Vas hacia la **vida**, al igual que cuando un preso pisa la calle después de muchísimos años. ¡Vas a empezar a **vivir**! Da igual el martirio que tengas que sufrir durante una semana, lo que viene después es la mejor etapa de tu vida. ¡Enfócate en buscar soluciones y no en las penurias, es más que posible! ¡Atrévete, te aseguro que sentirás que **vuelas**! ¡Sentirás, de una puta vez, lo que es acercarte a la **libertad**!

# Tú te vistes como una mujer, como una buena mujer religiosa

¿Por qué un hombre no se puede vestir con falda? ¿Dejaría de ser un hombre? ¡Oh, sí, se le caería el rabo al momento! ¿Por qué una mujer no puede ir de traje? ¿Por qué un hombre no puede llevar tacones? Simplemente, porque así estamos acostumbrados. ¿Y ya está? ¿No podemos pensar un poco más las cosas? Sabemos que todo lo anterior, sí se puede hacer, pero estaría mal visto por la mayoría de la sociedad, lo verían extraño y empezarían a murmurar. ¿Y qué? ¿Ellos te ponen el plato de comida en la mesa? Y si son tus padres los que no te dejan ser libre, pues te haces tú la comida y te pones tu plato en la mesa.

Voy más allá, ¿por qué un hombre no puede pasear por una calle transitada, con un bikini amarillo y tacones? ¿Lo detendrían por escándalo público ya que lleva poca ropa? ¿Y si se le sale un huevo del bikini, lo meterían en la cárcel? ¿Acaso no hemos venido al mundo, de forma natural, sin ropa? ¿Acaso los animales se tapan sus preciosas partes? ¿Acaso a un perro le da vergüenza que le veas su preciosa salchicha o que lo contemples mientras se masturba con el peluche? Entiendo que como animales "racionales" y "desarrollados" que somos, tiene que haber un control, una disciplina y un orden que nos distinga del resto de especies, pero no estaría mal que la ley fuera capaz de responder a las preguntas anteriores, de una manera humana y natural. Así, quizás, reduciríamos tantísimos complejos que hay en esta sociedad, tantísimas personas llenas de vergüenza, hasta tal punto que no se apuntan a su deporte favorito por no tener que ducharse luego con sus compañeros. Así, quizás, la juventud, podría entender, que hablar de sexo no es malo, que se podrían plantear dudas íntimas a los padres, que todos nos masturbamos (excepto algunos religiosos, pero caen igualmente) ...

El problema viene cuando pasamos de estereotipos a imposiciones radicales. Velo o hiyab, burka, las mujeres solo con falda, prohibido usar complementos, obligación de usar muchos complementos, hombres a la derecha y mujeres a la izquierda...

Por una parte podríamos decir que sí está bien, es ético, es cultura, religión y no hace daño a nadie. Por otra parte, podríamos decir que son costumbres anticuadas o imposiciones que denigran la libertad de la mujer.

Un cocodrilo siempre ha sometido a una cebra (tema de fuerza) o un gato a un ratón. En la antigüedad y en muchas casas actuales, hay tradición de pertenencia; tú eres mía, yo soy lo importante, tú lo eres menos pero, te voy a tener bien protegida y sometida, para que nadie te robe, ya que me vas a dar los hijos. Obviamente, esta forma de pensar ya no es la más común en países desarrollados, pero en muchos otros sí. Por eso, a nivel global, hemos mejorado la libertad, la igualdad y los derechos como sociedad, pero queda muchísimo aún.

Tú imagínate paseando, tapada por completo, dándote el sol a más de 40 grados... No es natural, humano ni racional que tengas que ir así vestida. Es cuestión de lo que hemos hablado anteriormente, solo que se maquilla diciendo que es una ley preciosa y divina, que hay que respetar para agradar al Creador, y te callas o te apedreo. Yo, sinceramente, preferiría que fueran en bikini y que les diera un poquito más la vitamina D.

¡Uy, pero sería un escándalo! Todos penetrarían a tu mujer con la mirada, es tuya, nadie más la puede ver, ella no podrá estar con otro hombre más que contigo en toda su vida, aunque no sea feliz y aunque no haya decidido casarse contigo. ¡Qué puta vergüenza! En algunos lugares, mejor que no enseñe los tobillos, a ver si se los va a resfriar o algún depravado se haga una película de sus tobillos en su cabeza y se masturbe al llegar a casa. Muchísimo menos, enseñes tu preciosa melena, que eso sí que excita. ¡Es qué vaya tela tener que escribir sobre estas cosas, cuándo debería de ser algo tan obvio, qué forma de desperdiciar los 2 putos días de vida que tenemos! Por desgracia, el mundo y las personas, no avanzamos por igual y muchos de nosotros tenemos suerte del lugar en el que hemos nacido o del lugar en el que estamos ahora. ¡Ojalá estas palabras sirvan para despertarte o para tener más consciencia y poder despertar a otros!

Lo curioso de todo esto, es que las religiones han causado tantos pero tantos problemas, tantas separaciones y fronteras, tantas muertes y guerras, tantas prohibiciones y esclavos, para que al final todo sea mentira. ¡Así es la especie humana!

¿Por qué hablar de religión en un libro de crecimiento personal? Porque todos estamos en el mismo saco, a todos nos han querido inculcar, directa o indirectamente, falsas creencias, a todos, de una manera o de otra, nos salpica todo este cuento y, sobre todo, por todas aquellas personas que están presas en una cárcel sin salida, desconociendo que poseen unas alas inmensas que nunca han desplegado ni han rozado los vientos.

¿Cómo quieres que una persona crezca a nivel personal, arrastrando piedras de más de 100 kilos? Se puede mover, sí, pero muy lentamente. ¿Se puede acostumbrar a ello? ¡Claro! Este libro, esta vacuna o antídoto, rompe esas cadenas para que corras como nunca y grites sin parar: *"¡La vida son 2 putos días, quiero ser libre, quiero ser feliz!"*

Otra persona puede pensar... La religión no es una mentira, eso será para ti. Ante este tipo de personas, tienes que saber discernir, si están dispuestas a escuchar o no, si quieren aprender más de la vida o no. Si es que sí, entonces, merece la pena que hables con ellos todo lo que hemos filosofado acerca de la religión. Pero si notas que no, que se siente atacado, con la cara arrugada y que demuestra mucho más ego que humildad ante la conversación, vete de ahí. Uno puede pensar... insiste, esfuérzate, podrás hacer un clic en su mente. ¿Pero cómo coño quieres hacer eso si no abre la puerta? Bueno se podría hablar a través de ella... En conclusión, si de verdad insistes en ayudar a alguien que no quiere escuchar, déjale una frase impactante que pueda rebotar en su conciencia y te largas, no pierdas demasiado tiempo, con una persona que, aún no ha querido espabilar de una puta vez, tal y como tú sí lo has hecho. Todos tenemos un proceso y hay que respetar ese tiempo. La mente necesita procesar, aceptar, pasar momentos de duelo, hasta integrar una nueva creencia.

En mi opinión, lo bonito de un agnóstico, es que siempre estaría dispuesto a creer en un Creador, porque es alguien que no para de cuestionar su verdad, pero el problema es que, por ahora, todo sigue siendo una película muy bien montada.

La magia de expandir tu mente y ser una nueva versión mejorada, radica en ver siempre otras opciones, otros caminos, otras vías, radica en **pensar, cuestionar toda tu verdad,** analizar las cosas... No te conformes con una sola respuesta, puede haber varias soluciones, varias formas de interpretar las cosas, no todo tiene que ser A o B y no todo tiene que ser a tu manera.

## Vegetarianos y veganos

La pregunta del millón es, ¿los humanos en sus inicios comían la carne de otros animales? No hay una base, estrictamente científica, para decir sí o no. Resto de cadáveres, más concretamente, calaveras que se han encontrado, demuestran, según sus mandíbulas, que tenían muelas más grandes, lo cual indica que comerían carne y necesitarían mayor fuerza ya que no podían cocinar como hoy en día. Otras mandíbulas encontradas eran más pequeñas, lo que hace pensar que otras ramas de simios en evolución, podrían haberse alimentado sin carne. Lo que está claro, es que el ser humano, lleva millones de años siendo un depredador, al igual que muchísimos otros animales. Todos somos animales o criaturas, en un mismo globo, tratando de sobrevivir. El ser humano, lleva millones de años cazando otros animales, sin tener el nivel de conciencia que tenemos hoy en día. Por tanto, se podría decir que es un instinto natural.

Ahora, viene la otra parte interesante. Las industrias de alimentación, ganaderías, mataderos... hoy en día, es una vergüenza. Importa muchísimo más el dinero que los animales, incluso que tu propia vida, ya que te contaminan y te drogan de mil maneras, a través de los alimentos.

Ahora, después de esta pequeña introducción, ¿qué tiene que ver un dogma con un vegetariano o un vegano? Pues muy sencillo, la radicalidad a la que muchos llegan y la manera que tratan de imponerte sus creencias, tal cual como una religión o ciertas sectas.

Entiendo que por todas estas razones, la vida de los animales, el ecologismo... quieras ser un vegano muy estricto. Y bien por ti, pero eso no te da derecho a enfadarte con la gente, porque no quieran seguir tu camino. *¡No José, yo no me enfado, solo quiero el bien de todos!* ¿Y por qué te pones nervioso? ¿Por qué te alteras? ¿Por qué arrugas la cara, hablas de forma irascible, no me escuchas y solo tratas de convencerme sin ver otras alternativas?

Esto se podría aplicar a todo. Si sigues dogmas y te encierras en una puta caja cuadrada... limitas tu vida, tú mismo te llenas de mierda, te haces esclavo y pierdes el sentido de la eudaimonia (felicidad), pierdes calidad y tiempo de vida.

Te quiero dar mi punto de vista para concluir este dogma. Yo, he reducido drásticamente el consumo de carne. Y cuando la consumo, y también para otros alimentos, trato de que hayan tenido un proceso ecológico, más natural y sostenible. ¿Por qué reducir el consumo de carne? Porque, aparte de que no había la mierda de industria que hay hoy en día (maltrato, mala calidad de alimentos...), cazar un animal y comer carne era poco habitual. Antiguamente, se comía carne cuando se cazaba un animal, y eso no era todos los días. Siempre ha habido más abundancia de frutas y verduras, además, trae unos beneficios increíbles al cuerpo humano. Hoy en día es muy fácil meterte chuletas de cerdo todos los día para cenar, sin pensar demasiado lo que comes o de dónde viene, poner la tele un rato y a dormir. Encima, al día siguiente te preguntas por qué estás cansado...

Somos lo que comemos y hay que tener en cuenta, por ejemplo, que beber tanta leche no es natural, trae proteínas innecesarias, produce alergias, intolerancias... Tampoco se tiene en cuenta la buena combinación de alimentos, en qué momento comer fruta, en qué momento no beber agua; todo esto, para mantener una buena eficiencia en los ácidos del estómago y que así, puedas tener más energía, evites las siestas, dormir tarde, levantarte tarde, una rueda de mierda... En mi anterior libro, «*ESPABILA DE UNA PUTA VEZ*», expliqué con detalle técnicas de alimentación imprescindibles, para mantener siempre un nivel óptimo de energía.

# Hacer ayunos

Muchos grupos religiosos inculcan a sus "fieles" el realizar ayunos ciertos días o ciertas épocas del año para conectarse mejor con el Creador, limpiarse de sus pecados, etc.

Algunos estudios han demostrado que no comer nada durante medio día, puede generar beneficios al cuerpo humano pero, como es obvio, ellos no lo hacen por esta razón.

Hubo muchos años en mi vida donde no veía nada más que religión y, por supuesto, también hacía ayunos. Recuerdo que me sentía bien, conmigo mismo, tras haber logrado algo que me había propuesto, pero eso no tenía nada que ver con el ayuno ni con la religión. Recuerdo como hablaba y trataba de conectarme con "Dios" en esa señal de humildad y castigo. Hoy en día, la mayoría de las personas de este Planeta y la lógica, te dirán que lo que haces es hablar contigo mismo, estás meditando, te relajas y te conectas con tu yo interior. Tú le pides cosas a "Dios" y lo que estás haciendo es programar tus pensamientos, eso repercute en tus acciones y, finalmente, en tus resultados. Luego, se lo agradeces a "Dios" y no a ti.

He de confesar que cuando uno está perdido en la vida, no le ve el sentido a nada y solo ve tristeza... Acudir a una iglesia donde vas a estar con gente de tu misma edad, que luego se harán tus amigos, donde haréis actividades, hablaréis muchísimo con Dios (conectarse con uno mismo) ... puede sacarte del apuro, puede traerte beneficios, inculcarte valores muy buenos y momentos muy cariñosos y acogedores, difíciles de olvidar. Pero, por desgracia, esto es solo al principio, es el momento del primer amor. Y luego, sin darte cuenta, no dejas de recorrer ese pasillo y cuando menos te lo esperas, ya estás metido en una celda sin salida, privado de libertad, naturalidad, sentido común de la humanidad y, por supuesto, con una felicidad maquillada, que no es tan real ni tan duradera.

Y lo más curioso, es que todo esto, luego se vuelve a convertir en que uno está perdido en la vida, no le ve el sentido a nada, solo ve tristeza y agonía. Tal cual como la pescadilla que se muerde la cola, un boomerang, la adicción al tabaco... Algo que te tranquiliza, pero luego vuelve y te saca de tus casillas.

# Reencarnación

¿Qué coño es esto? Pues muy sencillo, una tapadera como cualquier otra religión. La reencarnación, consistente en que la esencia individual de las personas viaja a una nueva vida, en un cuerpo u otra forma física, después de la muerte biológica.

*Claro que sí, lo que tu digas. ¿Quieres añadir algo más o dejamos la creencia así?* Este dogma, como muchas otras religiones, tratan de evadir la incertidumbre de lo que hablaremos en profundidad en la parte 3 de este libro, **la muerte**.

¿Por qué hacen esto? Porque acojona, prefieren vivir en una película y ser "felices" mientras "viven". Por una parte los admiro, en cierta manera, a nivel general, todas las personas que ponen tapaderas son inteligentes. Pero claro, ellos desconocen lo que es llegar a escalas de felicidad mucho más grandes.

El problema, que para llegar a esas escalas con mayor plenitud y bienestar, primero tienes que romper tus dogmas más pesados y eso duele muchísimo, es romper tu vida en mil pedazos y empezar a reconstruirte de nuevo. No todo el mundo está dispuesto a pasar por ese vacío, ese caos, ese duelo y esa transformación.

Refiriéndonos a la reencarnación, si se trata de elegir, yo voy a creer que me reencarnaré en un precioso bebé de una familia rica (de dinero y de mente, como no). Si no es posible, en el gato de la familia rica, me da igual. Y si no, en la tetera o en una piedra del jardín... lo que sea, pero en algo me tengo que reencarnar, no me puedo quedar en el vacío existencial...

Lo más curioso e impactante a la vez, es que hay 4.200 religiones en el Planeta, pero solo 1 es la correcta, la pura, la verdadera, la que te llevará al "Paraíso" con el "Creador". Entonces, el resto son mentira, el resto son un fraude.

¡Es curioso! Piensa en una religión, la que te dé la gana. Muy bien, las 4.199 restantes dicen que mientes. Piensa en otra. Perfecto, las 4.199 restantes dicen que mientes, y así sucesivamente. Por lógica humana, esto demuestra que las 4.200 religiones son pura falacia, ya que es un ciclo rotativo de mentiras y engaños.

Para finalizar, ¿hay alguna ligera y remota posibilidad de que la tuya sea la religión correcta y las demás sean las falsas? Por supuesto, no creo en los imposibles, pero que sepas, que a partir de ahora, ya hay 4.201 religiones. Sí, acabo de crear una y consiste en que todos nos transformaremos en preciosas alcachofas, en un bonito prado verde donde podremos comunicarnos, tener sexo, más alcachofitas, nuestro Dios será una enorme piña... ¿Te parece ridículo y absurdo? ¡Pues mírate en el espejo! Si esta falsa creencia, que me acabo de inventar, se la impusiera a los niños y me esforzara lo suficiente para que no dejaran de creer, seguramente, se infundiría en próximas generaciones. ¡Imagina el impacto mental que podría alcanzar con un par de miles de años!

# Derecho a la vida

Ciertas religiones y ciertos grupos específicos están totalmente en contra del aborto o de los métodos anticonceptivos. Más de lo mismo, otro dogma por culpa de la religión, para que luego digan que, hoy en día, no es un tema para tratar.

# Patriarcado

Religiones, culturas o etnias, funcionan en base a la palabra de un patriarca, siendo por lo general un varón anciano al cual consideran sabio y protector de los suyos. Esto es algo similar a cuando vivíamos en cavernas y cuevas. También lo hemos vivido en varias dictaduras. Y, por desgracia, en muchos lugares y casas del mundo, aún se sigue viviendo. Pero es más de lo mismo, personas que, mentalmente, avanzan mucho más lento que el resto.

# Peregrinación

El pueblo musulmán debe, al menos una vez en la vida, peregrinar a La Meca siempre que los medios se lo permitan. Los cristianos realizan también peregrinaciones a Santiago de Compostela, El Rocío, Lourdes o Fátima. Lo más curioso es que no analizan, no se preguntan cuál es el trasfondo humano, simplemente siguen la corriente de la masa como borregos con su libro religioso bajo el brazo.

# Guardar luto

¿Por qué es necesario vestirse de negro por una persona que ya no existe? Podríamos concluir, este ejemplo de dogma, con esta pregunta que acabo de hacerte. Si analizas y entiendes la pregunta, está todo respondido.

Los que guardan luto como algo sagrado, no solo se visten de negro. ¿Por qué torturarte y estar más triste de lo normal? ¿Por qué dejarte la barba, no ver la tele, no escuchar música, no poder ir a un bar, no volver a tener sexo o pareja en mucho tiempo? ¿Por qué condenarte a la tristeza, más de lo normal, por alguien que ya no puede ver, oír ni sentir? ¿Por qué tiene que ser el blanco para las bodas? ¿Por qué tienen que ir de color negro a un entierro? ¿Por qué deberías de enfadarte si para alguien el blanco simboliza lo que para ti el negro?

### Querido lector...

Hasta aquí con los ejemplos. Podríamos escribir muchísimos más dogmas pero merece la pena que hablemos de otras cosas. Todo este tipo de personas, el día que abran un puñetero libro en sus preciosas vidas (aparte del de su religión), ese día comenzará su proceso de mejora, no solo para sus vidas, sino para la de todos.

# Según como se mire, todo depende

*"Sólo hay una verdad absoluta,*
*que esta verdad es relativa".*

— André Maurois —

En este capítulo vamos a hablar de muchas corrientes filosóficas. ¿Por qué? Porque como es obvio, en este segundo capítulo, el título se corresponde mejor al concepto de filosofía y, por tanto, hay muchos más filósofos y estilos de pensamiento que están de acuerdo en que no hay verdad absoluta y que todo puede depender en función de los ojos que miren.

Éste, el Capítulo 2 y los siguientes (Capítulo 3 y 4), componen el resto de la Parte 2 de este libro. Son capítulos muy importantes y conviene que prestes mucha atención. ¿Por qué son muy importantes? Porque estos 3 capítulos que vienen a continuación consisten en ver ejemplos cotidianos de la vida real, en base a corrientes filosóficas que sí nos pueden aportar mucho valor.

Lo primero que vamos a hacer es hablar, brevemente, de las diferentes corrientes filosóficas (modos de pensar) que nos afecta a este capítulo. Así tendremos una mínima base de por dónde irán los tiros. Y luego, hablaremos de muchos temas de utilidad pero sin cerrarnos en nada.

Mi querido amigo lector, en esto consiste la filosofía, no es cerrarte y defender tu postura a muerte, sin querer escuchar nada más. Consiste en todo lo contrario, en abrirte, expandir tu mente y observar, con humildad, todas las posturas, porque, como bien sabes, esto te permitirá crecer muchísimo a nivel personal, tu mente maquinará de otra forma, y así, créeme, la vida se disfruta muchísimo más de lo que ahora la puedas estar disfrutando.

- El **idealismo** es una corriente que se caracteriza por interpretar el mundo como algo dual, puede haber una opción o puede haber otra. El idealismo sostiene que la realidad es subjetiva y se contrapone al realismo. Se considera a Platón como el padre del idealismo y seguro que también te suenan Descarte, Hegel, Fichte, Kant...

- El **escepticismo** es una corriente filosófica que defiende que lo importante es la felicidad del espíritu, la paz interior. Por tanto, expone que no se debe pretender alcanzar los conocimientos absolutos, ya que, ni la razón ni los sentidos son fiables. El fundador del escepticismo fue Pirrón de Elis, junto con sus seguidores, Timón el Silógrafo y Sexto Empírico.

- Movimiento filosófico que se inicia en la antigua Grecia de la mano de los Sofistas. El **relativismo** niega la existencia de verdades absolutas. La verdad depende del individuo que la experimenta y también de los diferentes factores externos que influyen en el conocimiento. El relativismo considera que todas las formas de conocer el mundo tienen la misma validez.

- El **subjetivismo** es una doctrina filosófica que surge en la antigüedad y entiende que el conocimiento depende de cada persona, por tanto, la verdad o la falsedad de los juicios dependen de cada uno. Esta corriente tampoco asume verdades absolutas o universales. Representantes: Protágoras, Georgias de Leontinos y Nietzsche.

- Este movimiento pretende relacionar el significado de las cosas con la evidencia. Los pensadores pragmáticos entienden que no hay verdades absolutas y que el conocimiento lo da la experiencia. El **pragmatismo** defiende como verdadero aquello que es útil. Representantes: Charles Sanders Peirce, William James y John Dewe.

- La **fenomenología** surge en el siglo XX como corriente filosófica y su método parte de la no suposición de nada. Es decir, pretende describir objetos o fenómenos de manera consciente, sin atenerse a presuposiciones o preconceptos. Representantes: Edmund Husserl, Jan Patocka y Martin Heidegger.

- El **existencialismo** dice que el ser humano no tiene una condición firme, es decir, no hay una naturaleza que le lleve a ser de una manera o de otra, el punto de partida es su existencia. Como no tiene una naturaleza establecida, tiene la libertad de hacerse a sí mismo, puede decidir en cada momento, así va construyendo su esencia. Son nuestros actos quienes determinan quienes somos y el significado de nuestras vidas. Representantes:

Soren Kierkegaard, Martin Heidegger, Karl Jaspers, Jean-Paul Sartre, Henri Bergson, Albert Camus...

Como puedes darte cuenta, todas estas corrientes siguen una misma línea. No apoyan las verdades absolutas, los extremos, no todo es blanco o negro, aún hay mucho por descubrir, aprender, mejorar y, por supuesto, según como se mire, todo depende.

# La mente es débil

¿Eso te han hecho creer? ¿Qué más da lo que piense el resto de animales egoístas? Lo importante es lo que tu piensas de ti mismo, sin basar ese pensamiento en la opinión o comparativa de los demás. ¿Es fácil? No, por eso la mente es débil.

Se han realizado estudios, donde se ha podido comprobar que la mente del ser humano es muy débil, cuando es sometida a presión. Muchos de esos estudios consistían en hacer creer a un individuo que un objeto era de distinto color. ¡Atento a este ejemplo real!

Imagina una clase repleta de alumnos y una profesora. La profesora informa a los alumnos que les preguntará acerca del color de una carpeta. La carpeta es verde pero ellos deberán de decir que es roja con mucha seguridad. La profesora informa que cuando entre el alumno que siempre llega tarde, empezará el experimento. Llegó ese alumno, se sentó y la profesora siguió explicando. A los pocos minutos, la profesora dijo que hay cosas que son incuestionables, como por ejemplo el color de esta carpeta. Entonces, empezó a preguntar a muchos alumnos por el color de la carpeta y todos respondían roja, a pesar de que la carpeta era verde. ¿Qué crees que paso cuándo llegó el turno de palabra al alumno que había llegado tarde? Pues que con inseguridad y extrañado, dijo que la carpeta era roja. ¿Crees que te hubiera pasado lo mismo? Posiblemente creas que no, que tú tienes seguridad en ti mismo y sabrías revelarte y decir: *"¿Por qué estáis diciendo roja si la carpeta es verde?"*. Claro, decir eso sería lo más lógico. ¿Pero por qué no ocurre cuándo se realizan los experimentos? Porque la mente del ser humano, si no se entrena específicamente para ello, cuando es sometida a la presión social, se vuelve débil.

¿Solución? Alimenta tu cerebro, dale de comer cada día. No dejes de leer, no dejes de cuestionar y verás como crecerá. ¡Así de sencillo!

Lo triste es que esto es el pan de cada día. Estamos sometidos a la presión social de manera constante. Nos llevan por donde quieren. Nos dan de hostias por todos lados y muchos de nosotros callamos como un cordero que lo llevan a un matadero, para rasgarle el cuello con un cuchillo. No dejes que te manipulen más de lo debido, no dejes que te maten y, mucho menos, no dejes que te impidan **vivir**.

Todos sabemos que un billete, con un valor de 50 €, por mucho que lo arruguemos y le demos de hostias, seguirá teniendo el mismo valor. Tú eres ese billete, hasta el día que mueras, tendrás el mismo valor. Por mucho que te haya golpeado "la vida" o dicho de otro modo, por mucho que hayas dejado que esos golpes entren en tu vida y no salgan... ¡seguirás teniendo el mismo valor! Ya es hora de planchar las arrugas y volver a volar. ¿Cuándo? Cuando te salga de tus mismísimas partes nobles, tú decides. Tiempo que estás pensando en la mierda, es tiempo perdido. Si la vida son 2 putos días, no es para que estés enfocándote en la mierda y desperdicies el bienestar. Deja de llamar la atención como un puto crío y empieza a construir una autoestima sana, que te permita sonreír mucho más a cada momento de tu vida.

# Construcción Social

¿Qué es lo normal? Se podría decir que normal es lo correcto, lo que hay que hacer, lo que es propio de la sociedad, pero de la sociedad en la que vives. Quiero decir, puede que en tu país, a los perros les compren trajecitos para que no pasen frío y, en cambio, en China los matan, les arrancan la piel y se los comen. Puede que en tu país tengas un familiar o un amigo homosexual que sea libre con su pareja, pues bien; en Yemen o Malasia, entre muchos otros países (por desgracia), le darían latigazos, le cortarían el pene o lo meterían en la cárcel 20 años, sino es que lo matan antes. Puede que lo que ahora es normal no lo fuera, en ese mismo lugar, hace 10 años o puede que no lo sea el año que viene.

Michel Foucault hablaba del concepto normalidad. Él era homosexual y en su época la homosexualidad se consideraba algo anormal. Por eso, dedicó muchos años de su vida a pensar: *"¿Qué es lo normal?", "¿Qué es lo correcto?".*

¿Quién pone los límites en tu vida? ¿Tú? Entonces, ¿tú decides que es lo normal y lo correcto en tu vida o dejas que lo haga la sociedad? Obviamente, estás dentro de la sociedad, eres influenciado y es inevitable que te salpique la mierda. Pero de ahí, a que dejes que toda la mierda de la sociedad controle tu vida... pues es otra cosa. El mayor porcentaje de influencia para realizar cualquier acción debe pesar en ti. Con otras palabras:

*"Un pequeño cambio positivo puede cambiar tu día o tu vida entera.".*

— Nishant Grover —

Esto quiere decir, que si vivo en China y allí se comen a los perros, yo puedo ser capaz de cuidar y pasear a mi mascota con orgullo por todas las calles de China, porque así lo siento y porque he cuestionado que todos somos animales y ellos, los perros, unos animales ejemplares si los educan bien.

Michel Foucault, desde muy joven descubrió su homosexualidad y, debido a ciertos prejuicios e intolerancia social, sufrió de depresión e intentó suicidarse varias veces. Sin embargo, los libros y el conocimiento lo salvaron. Más tarde se convirtió en uno de los filósofos más importantes de la Época Contemporánea. Para aquel entonces, Michel Foucault, era el pensador más leído e influyente del mundo.

Atentos a esta filósofa contemporánea; Judith Butler alega que nuestro sexo, es decir, aquello que, supuestamente, nos define como hombres o mujeres, no es más que una construcción social. El hecho de ser un hombre o una mujer (tal y como nos lo han querido vender), no está determinado por nuestro nacimiento.

Hemos aprendido a ser hombres o mujeres, en un contexto cultural y educativo, que tiene como norma la heterosexualidad. Todo aquello que se salga de la norma, está excluido. Judith, defiende que no tenemos que percibirnos, obligatoriamente, como hombres ni como mujeres. De la misma manera que se construye el género, también se puede deconstruir. El género no es un hecho natural y, por tanto, no hay por qué encajar nuestra identidad en una de esas dos categorías. Como tampoco es necesario definir nuestra orientación sexual conforme al esquema homo o hetero.

¿Por qué crees que una falda es para una mujer y una corbata para un hombre? ¿Por qué impacta más, que una mujer suelte un eructo comiendo, en comparación a un hombre? ¿Por qué es más extraño ver una mujer que trabaja en la construcción? ¿Por qué el color rosa es de chicas? Podríamos poner miles de ejemplos, pero creo que ya sabes la respuesta.

Desde que naciste, tu familia y la sociedad te han inculcado estas normas sociales y te lo han vendido como el único y verdadero camino, por tanto, es una construcción social. Te han vendido que la mujer es fina y delicada, el hombre es el que se tiene que lanzar cuando hay que ligar, los trabajos duros para el hombre... ¿Por qué coño tiene que ser así? Hay mujeres mucho más fuertes y altas que hombres. En muchos países, como ya sabemos, a la mujer se la ve como un puto objeto de pertenencia, el cual no lo puede ver nadie más y por eso, hay que taparlas. Por suerte, en la mayoría de los países desarrollados, las mujeres ya pueden tener cargos importantes, a pesar de que siga habiendo machismo interiorizado.

En países desarrollados, ¿por qué son las mujeres las que llevan prendas más cortas, pudiendo enseñar más la carne en comparación al hombre? Esto lo vemos más acentuado en las discotecas y tiene una explicación. Como hemos dicho antes, ¿por qué es el hombre el que tiene que tratar de ligar a la mujer? ¿Por qué es el hombre el que tiene que lanzarse, dar el primer paso, el primer beso, pedir matrimonio...? ¿Qué pasa, que la mujer no es valiente, no tiene autoridad, poder de palabra...? Es una pena, pero así es como la sociedad lava el cerebro constantemente. Obviamente, en países más desarrollados hay menos machismo, pero los heterosexuales, hoy en día, de forma general, no dejan de ver a la mujer como el objeto a conseguir, y es por eso, que las mujeres, tienen que llevar menos ropa, porque es el hombre el que tiene que cazar con la mirada y decidir si se va a lanzar hacia su presa para ligar.

Hay muchas mujeres que no se sienten capaces de hacer muchas cosas que un hombre sí se atrevería, pero es muy sencillo; la culpa radica en que, de forma general, a las mujeres se las cría con miedo, con más finura y delicadeza y se las impide hacer muchas cosas que al hombre no.

Si desde pequeño te hubieran inculcado a llevar, para la parte de abajo, un tanga amarrillo; para ti, sería lo normal y el resto lo verían extraño. En ciertas tribus, la gente ve extraño llevar ropa de calidad y limpia, ellos están acostumbrados, desde pequeños, a llevar un taparrabos.

Este es el modelo que nos han enseñado desde pequeños: *El hombre es masculino, heterosexual y la mujer es femenina y, también, heterosexual. Su objetivo es reproducirse y mantenerse en la monogamia (casarse hasta que la muerte nos separe).*

Todo lo que se sale de la norma es incómodo para la sociedad. Este modelo que, supuestamente, tenemos que seguir, no es el único camino. Hay mujeres masculinas y homosexuales, hombres femeninos y homosexuales o lo puedes combinar como te dé la gana. ¡Somos personas teniendo sensaciones increíbles con otras personas! ¡Punto! ¿No te gusta? ¿Se sale de tu norma, de lo que han implantado en tu cabeza? ¡Te jodes! Si no te gusta, aparta la mirada y cierra la boca.

¿Crees que un hombre gay es demasiado femenino en comparación a un hombre heterosexual? ¿Crees que un heterosexual es más macho que un homosexual? Pues venga, si tú eres hombre y heterosexual; demuéstralo, demuestra que tú eres más hombre, empieza a hacer gestos masculinos tal y como te han enseñado o tal y como te han corregido desde pequeño.

Si el sistema educativo fomentara el respeto a la diversidad sexual desde pequeños, quizás habría menos suicidios. El problema, como siempre, es la homofobia de los adultos. ¡Pues que se vayan a la mierda, gente amargada que jamás alcanzará paz y bienestar! ¡Basta ya de tragarnos estos patrones anticuados de personas que no han querido abrir más de un puto libro en su vida!

# ¿Qué es la verdad?

Imagina unos peces dentro de una pecera. ¿Cuál es la verdad de los peces? Pues la limitación que, supuestamente, tienen o la que le han impuesto, o sea ser, la pecera. Para ellos la única verdad es la pecera, es lo que les han hecho creer y lo único que han visto. Todos sabemos que, fuera de la pecera, hay mucho más. Sabemos que hay un mar inmenso, océanos, biodiversidad acuática, infinitas posibilidades bajo los mares... Si les dices eso a los peces, te tacharán de loco, de iluminado y no te creerán.

A los humanos nos pasa lo mismo. Ahora mismo, tú tienes una verdad integrada en ti, en base a tu limitación mental, a lo que has aprendido, lo que te han impuesto, o sea ser, en base a tu conocimiento actual. Si llevas a los peces a una nueva pecera, conocerían una nueva verdad, ¿cierto? Lo mismo pasa con nosotros. El problema es que son pocos los que se atreven a salir de sus 4 mierdas de paredes mentales.

Hasta el siglo XVI, por ejemplo, nadie discutía que la Tierra era el centro del Universo. Gracias a Copérnico supimos que la Tierra gira alrededor del Sol. Para los Griegos, la verdad es "La Aletheia", aquello que no está oculto, aquello que es evidente, lo que es verdadero, aquello que se nos muestra tal como es. Montaigne, era un filósofo francés del siglo XVI, decía que la verdad es deseable pero no está al alcance de las personas. ¿Por qué? Pues porque la verdad para ser considerada como tal, hemos de encontrarla fuera de toda contradicción. La verdad es la verdad, existe por sí misma, no depende del punto de vista de nadie. Si alguien dice: *"Yo sé la verdad"*, eso equivale a negarla, ya que esta persona dice saber "la verdad", con lo cual otras personas dicen "la mentira" y, por tanto, hay contradicción.

Si la verdad no es una evidencia para todos, no es verdad, sino opinión. En tal caso, la verdad no es alcanzable para el ser humano.

Montaigne tenía claro una cosa, difícilmente nos desprenderemos de nuestras creencias si no somos capaces de examinarnos a nosotros mismos. Este hombre, a los 38 años, se metió en la biblioteca de su castillo y no salió hasta el día de su muerte. Allí comprendió que muchas de las creencias que tenemos se pueden relativizar (quitar grado de importancia).

Te pregunto: ¿Tú qué sabes? Todo aquello que te han inculcado hasta hoy, ¿por qué piensas que es verdad, acaso te has detenido a analizar? En nombre de la verdad se han construido muchas mentiras. El problema de hoy en día es que parece que no haya más verdad que lo que vemos en la tele o en las aplicaciones de nuestro móvil.

Por ejemplo, ¿crees que te aporta mucho valor ver las noticias televisivas, las cuales están llenas de desgracias? Enfocarte en los problemas parece que se ha convertido en una droga para muchos. Y no te mientas, eso no te mantiene informado y lleno de conocimiento para la vida. Es sencillo, ¿quieres seguir dormido? Pues sigue viendo las noticias, sigue limitando tu verdad, sigue lavándote el cerebro con penurias, llénate de miedo y de mala energía. Así se te hará imposible empezar a **vivir**, se te hará imposible estar lleno de valor, coraje, ilusión, energía y pasión. Así será imposible que conozcas una nueva verdad que te haga volar alto... ¡Joder! Como máximo empezarás a comprar productos o darle más importancia, a las marcas de los anuncios de publicidad, que te habrán puesto entre programa y programa.

Los periódicos, más de lo mismo. A ver si por parecerse más a un libro, vas a pensar que te va a aportar valor. Pero no olvidemos, todo es relativo y, por tanto, quizás estoy equivocado. Por mi parte llevo años sin ver la televisión y mucho menos las noticias. Como resultado, en comparación a antes, tengo más tiempo ya que no paso horas pegado a una pantalla y provoco menos estados mentales negativos, tristes y con falta de energía. Dejar atrás esto, es quitar el maquillaje que entretiene tu vida, para dar paso a una nueva realidad. ¡No dejes que te controlen a sus anchas! Detrás de la mayoría de los periódicos o canales de televisión, hay un partido político con la misión de lavarte la cabeza y convencerte para que les votes.

Antes de terminar este apartado, te quiero proponer algo para que pienses. ¿Crees qué la verdad, a veces, es mejor no saberla? ¿Crees qué es ético, en algunas ocasiones, no decir la verdad o mentir? Siempre nos han dicho que la verdad por delante ya que tiene las patas muy cortas y, a la larga, todo se sabe. Pero ¿puede haber ciertas ocasiones donde una mentira sirva para un bien mayor? Entonces, ¿es correcto que, a veces, digamos mentiras?

# Frases de Disney

Seguro que has escuchado muchas veces la frase: "Querer es poder". Pero esta frase, como muchas otras, son "Frases de Disney", frases para niños que creen en los cuentos de hadas, en las cosas ideales, como el amor para toda la vida... Siempre admiro a los más peques por su capacidad de imaginación y por su persistencia para lograr sus mini-sueños, todo lo que quieren conseguir a corto plazo, a pesar de todas las adversidades que puedan surgir. Pero no confundamos lo ideal con lo real, ya que hay una diferencia abismal, y si no te das cuenta de ello, luego la frustración puede ser inmensa. Por mucho que quieras, si no estás capacitado para hacer una cosa, no la harás.

Slavoj Žižek (Zizek), un filósofo actual, habla mucho acerca de la realidad y nos cuenta que es como si se hubiera desnaturalizado. Según Zizek, nuestra sociedad se ha vuelto políticamente correcta, hay un exceso de buen rollismo, hay que decir las cosas con tacto y tener un tono conciliador para que no se ofenda nadie. En cierta manera no está mal, puede ser algo bueno. Un buen Sofista (una persona con poder de palabra que sabe vender muy bien), tiene que controlar muy bien los tonos, las palabras, el tacto, el énfasis... Pero de ahí, a llevarlo a un extremo donde todo lo que suelte por la boca sea como una película navideña, pues no. Creo que también es bueno que tengas postura, seguridad, que tengas claro lo que te gusta y que lo puedas decir de forma directa. Piensa que no es lo mismo faltar el respeto, a que la otra persona se incomode o se ofenda, ya que no tiene suficiente vida y todo le molesta. Hoy en día, se trata de no mojarse al hablar, no ser desagradables, mantenernos puros y educados. Pero ¿quién no se ha ilusionado, fuertemente, por alguien y luego le han "roto el corazón"? Por eso Zizek, confía en que el amor es un gran elemento que nos puede sacudir y hacer volver a la realidad.

Sabemos que hay cosas que no debemos decir, sentimientos que no queremos herir, pero no podemos actuar siempre como si fuéramos unas almas puras. Por eso, amar es aceptar la imperfección y si hay que decirle a la pareja, a tu amigo o a tu madre lo que piensas, aunque le pueda molestar, se lo dices, porque eso te conecta con la realidad. La realidad está llena de verdades incómodas, de contradicciones e incluso, de mala hostia. ¿Os suena esa frase de: "Te lo digo porque te quiero"? El amor puede llegar a ser cruel. Pero muchísimo más cruel es vivir durante años en una mentira o en una tapadera, que soportar un instante de "realidad" incómoda. ¿Por qué he puesto realidad entre comillas? Porque puede que tu pareja sea cruel, contándote una supuesta realidad para que todo mejore, y en verdad lo que está ocurriendo, es que lleva años manipulándote como si fueras un puto pajarillo indefenso. Por eso, ¡atrévete a discernir, no tengas miedo! Me da igual que ya lleves muchos años, que haya mucho construido entre los dos, hijos de por medio, que tu cerebro piense que es imposible volver a construir una confianza así con otra persona... ¡me da todo igual! Lo importante es tu bienestar, y no por cobardía, vas a impedir que pueda mejorar.

Pero ahora bien, si eres una media naranja y aún no tienes el suficiente desarrollo personal, fracasarás muy rápido con todas tus parejas. ¿Por qué? Porque tratas de llenar tu vida con tu pareja y eso cansa, aburre y no es atractivo. Por eso, necesitas crecer y empezar a tener tu propia vida, empezar a **vivir**. ¡La vida son 2 putos días!

Otra cosa para pensar; si queremos tener una "relación sana de pareja", ¿conviene decirnos todas las cosas, todos los secretos, o nos podemos guardar ciertas cosas en el tintero? Por una parte, la lógica que tenemos programada nos dice que sí, que a nuestra pareja debemos de contárselo todo, no debe de haber secretos con la persona más importante, tu amorcito. ¡Qué bonito por favor! Intento ser sarcástico, porque muchas veces vivimos en el mundo de Yupi y no tenemos ni puta idea qué es el amor y de dónde viene. ¿Acaso no eres tú la persona más importante de tu vida? Por tanto, no lo es tu pareja. Entonces, como un ser humano libre que eres, si consideras que es más oportuno que otra persona (ya sea tu pareja o no), no sepa algo concreto de ti, pues estás en tu derecho. Ahora bien, cada acto trae sus consecuencias. Si crees, por muy raro que parezca, que una ocultación puede unir y mejorar la relación con tu pareja, pues hazlo. No solo te centres en un par de ejemplos que puedas estar pensando ahora o en que si haces una ocultación, es como una mentira y cuando se sepa, todo se acabará... No tiene por qué, cada pareja y cada historia es un mundo. Y recuerda, la filosofía no quiere extremos, sino poner todo patas arriba y entender que no solo hay un camino que te acerca a la felicidad.

¿Existe el amor interesado? ¿No crees que muchas parejas se unieron o no se separan por el tema económico? La imagen, la fama... es como si fueran empresas. ¿Y qué me dices de la gente que no soporta estar sola? Quizás es bonito, pero sigue siendo un amor interesado, ¿no?

El filósofo Lucrecio, en su poema De Rerum Natura, nos cuenta que no existe la complementación ideal. El amor no es una bella historia entre dos almas gemelas destinadas a entenderse y añade, que si la satisfacción de tus deseos te provoca angustia, entonces es mejor que renuncies a enamorarte. Esto quiere decir, que si tienes prisa o, en ciertas ocasiones, te angustias, te desesperas por encontrar a una pareja espléndida, es mejor que renuncies a enamorarte, ya que la probabilidad de romper, en un cierto tiempo, es inminente. Puede parecer un pensamiento pesimista. Pero te pregunto, ¿no es más pesimista creer en príncipes azules y hadas, todo el tiempo, mientras no paras de cagarla y darte de hostias por todos lados?

Cuando uno crece mentalmente y se transforma en una naranja entera, no depende de nadie, ya que tiene una buena autoestima. Esta persona se ama y disfruta su vida consigo mismo. No necesita depender del resto para ser feliz. No se enfoca en las mierdas. Es una mente que te podría hacer reír, dar un sexo increíble, podría hacer que te sientas súper a gusto a su lado... Es una mente que no desespera por encontrar una pareja, no la necesita pero sí la puede preferir. Esto lo transforma en alguien realmente atractivo. Una naranja entera o, dicho de otro modo, una persona que no está dormida, sino que está despierta, que sabe **vivir**, es una persona que suele poner muy cachondo al resto. Es sencillo, nos gusta lo difícil, queremos lo que no tenemos. Y si vemos que esa persona es dura de roer, que tiene su propia vida y que no viene a nosotros como un perrito faldero, pues nos excita mogollón.

Muchos, por no decir todos, siempre culpan al otro cuando llega la ruptura, en vez de culpar a esa idea de amor que nos han vendido desde pequeños o, incluso, a nosotros mismos. Para el amor se tiene que ser muy hábil y tendrás que entender, que esa persona con la cual quieres compartir muchos momentos, tendrá esa extraordinaria mezcla entre lo bueno y lo malo.

¿El amor limita nuestra libertad individual, nos obliga a hacer cosas que no queremos? Y tú, ¿prefieres vivir en pareja o solo? Es innegable que hay una fuerza cultural (impuesta por la sociedad que tenemos integrada), que nos impulsa a emparejarnos y formar una familia. ¿Por qué tenemos que seguir con esta tendencia? ¿Acaso no se puede tener hijos sin "pareja estable"? Pensamos que es ley de vida y hay que hacer el mismo patrón que todos, pero no tiene por qué ser así. El ser humano actual, está acostumbrado a tener a alguien al lado que le controle, ya que le sirve como una guía para la vida. Muchos seres humanos son precarios, indefensos, débiles... y necesitan complementarse para avanzar.

*"No hay deseo más atrayente para una persona libre, que el de encontrar un ser frente al que arrodillarse".*

— Fiódor Dostoyevski —

Ahora te pregunto, en una sociedad tan individualista y tan narcisista (inestabilidad, constante cambio), ¿podemos ser capaces de amar? Ya hemos dicho, que la mayoría, estamos destinados a fracasar en el amor y no me refiero al papel que interpretáis frente al vecindario, sino a lo que hay dentro de cada uno.

Mi querido amigo lector, la clave está en enamorarse de uno mismo, lo cual no es fácil, porque nos cuesta mucho corregirnos y trabajarnos, lo cual es amor.

Ahora bien, ¿quién es el valiente que sabe estar completamente solo y lleno de amor? ¿Tú? Supongamos que vives solo y estás repleto de amor, pero no dejas de chatear con tus amigos o ligues, quedas con ellos para cenar, etc. ¿Se puede tener amor en la soledad? Ten en cuenta que la capacidad de amar viene tras aprender a amarnos a nosotros mismos. Por eso, si no tienes tu propia vida, si no eres una naranja completa, se te hará imposible amar de forma sincera, porque tú no sabes lo que es el amor, no te amas, te centras más en las imposiciones que te han inculcado y, entonces, tu pareja, te pillará muy rápido, descubrirá tu gran agujero y ya no le resultarás atractivo.

No reniego que tratemos de amar a otra persona, pero si te lanzas a ello, ten en cuenta que el destino más probable es la ruptura y si no, analiza cómo funciona el mundo, las personas y parejas.
¿Crees que el amor tiene mucha importancia en el ser humano? ¿Crees que tiene algo que ver con todas las redes sociales que hay para ligar o simplemente es puro sexo y ya? Está claro que el amor, está ligado a la bondad, a la idea de hacer el bien, pero ¿realmente amamos o nos aprovechamos? Mi querido amigo, el amor puro es como un espejismo, amar y dedicar mucho tiempo a un hijo enfermo, sería un buen ejemplo. Sientes que tu hijo te pertenece, es tuyo y por instinto, actúas, e incluso, es algo que no todos lo harían, porque casi nadie, a la hora de la verdad, es capaz de entregarse completamente al otro.

Al final de este libro, hablaremos del amor desde un punto de vista cósmico. Es una forma diferente de entender el amor y creo que es la única manera para que apartes los cuentos de hadas y veas el "amor" tal y como es.

## Feos y guapos

Conviene que hablemos un poco más acerca de las supuestas apariencias, pero desde un punto de vista más filosófico. Creo que es un tema que nos la debería de repampinflar olímpicamente, pero no es así. Por desgracia es un tema súper importante para muchas empresas, especialmente para la publicidad. Y si digo desgracia, es porque esto provoca que muchos jóvenes padezcan depresión. Obvio que a esos jóvenes les falta construcción mental y, también es obvio, que esas empresas miren por su economía en función a la construcción social actual. No se trata de buscar culpables, sino de ver qué es lo que ha ocurrido y poner soluciones.

¿Qué es la belleza? ¿Una tía buenorra o un tío buenorro? ¿Quién determina si alguien es atractivo o no? Por supuesto que tú, ¿verdad? La cosa es que tú no eres un espécimen puro y natural. ¡No! Por mucho desarrollo personal que tengas, tú, yo y todos, tenemos la cabeza comida, o dicho de otro modo, nos han lavado el cerebro de muchas maneras y con muchísimas cosas que no somos conscientes. Obvio que aumentando tu nivel mental, en comparación a la sociedad, esclarecerás muchas cosas y verás mucha más ignorancia, pero no permitas que el ego se apodere de ti, porque si no, será como si volvieras al principio, a un estado mental de mierda. Ten en cuenta, que hasta el día de tu muerte, vas a tener que cuestionar tu verdad.

La mitología griega, cuenta que Narciso se enamoró de su propia imagen, reflejada en las aguas de un estanque. Tan fuerte era su atracción que cuando intentó darse un beso, cayó al agua y murió ahogado. El filósofo griego Plotino, decía que el problema radica en centrar la belleza, únicamente, en los cuerpos. Hay una belleza mucho más importante, que no tiene nada que ver con nuestro aspecto exterior, una belleza, que según Plotino, está relacionada con la búsqueda de uno mismo. Y tiene mucho sentido, porque cuando alguien es pobre mentalmente, aparte de estar triste o de mal humor, suele pensar que es feo y que no vale para nada. En cambio, cuando alguien está en pleno desarrollo mental, por muy feo que sea (según la construcción social que tenemos), se siente alguien realmente atractivo, lleno de energía, alegría y seguridad. El problema de mucha gente que se parece a Narciso es que no tienen conocimiento, están tan ligados a su yo (a su ego), que no saben cómo separarse de él.

Entonces dime, ¿la belleza es subjetiva? ¿Cuál crees que es la imagen que das a los demás? ¿Qué opinas de esos "machitos" que se creen muy "guapos" o de esas "tías buenas" que se creen "top models"? Según Plotino, hay dos posibilidades; dirigir la mirada hacia el cuerpo (lo físico) o hacia el alma (lo mental).

Tranquilo, que te entiendo; es obvio que si no hay una atracción sexual de primeras, difícilmente esa persona te podrá poner cachondo cuando lleguéis a su casa, a no ser que, previamente, hayas bebido 3 vinos y así desinhibas la realidad. Fíjate, si piensas en los animales con este tema de la belleza, podrás acercarte un poco más a la realidad y darte cuenta de que todo esto es una construcción social. Por cierto, los animales son fantásticos para las investigaciones filosóficas, ya que nos esclarecen demasiados temas que no somos capaces de entender, hoy en día, con nuestros recursos. Los animales nos ayudan a abrir los ojos, ya que podemos entender mejor quiénes somos y de dónde venimos, nos ayudan a ver el animal que llevamos dentro y a entender mejor el concepto evolución. Entonces, si acercas un macho y una hembra de alguna especie (suponiendo que son heterosexuales), según nuestra normalidad, ellos pensarán: *"Madre del amor hermoso que pedazo de glúteos", "Dios mío que tetitas más ricas", "¿Pero tú has visto que carita más bonita?", "Anda que el paquete que me trae, le arrastra por el suelo y todo"*... ¿Verdad que los animales no piensan así? O puede que sí, pero ellos no se complican tanto. Simplemente, la mayoría, tiene instinto de reproducción con los de su misma especie y punto.

Algo muy curioso... ¿qué crees que pasaría si fueras ciego? ¿Te podrías enamorar? Por supuesto, pero no sería del físico a través de la vista, como le pasa a la mayoría. Muchas personas en su primera o segunda cita se enamoran del físico de la otra persona y se crean una película de romance súper bonita, unas expectativas, que no tiene nada que ver con las siguientes citas. Y luego es cuando piensas: *¡Ay, qué triste estoy, no voy a conocer nunca a nadie especial!* La realidad, mi querido amigo, está llena de mierdas y cosas contrarias a tu forma de pensar. El día que empieces a dar prioridad a otros sentidos, ese día podrás tener citas mucho más interesantes. Entonces, un ciego, valora muchísimo la voz, las expresiones, el tacto, el olor, la energía, la alegría...

Pero claro, la realidad de lo que vivimos hoy en día, es innegable. Un "tío bueno" o una "tía buena", son reclamos que utilizan millones de empresas para vender sus productos. ¿Es ético discriminar a los "feos" para ganar dinero? La mayoría pensará que no, que no es correcto discriminar a nadie, pero otros pensarán que no es malo hacer una mejor selección de personas, si con ello incrementas las ventas de tu empresa. Pero ¿lo importante no debería ser el producto que vendes? O, quizás, a un empresario solo le importa la venta, el dinero y le da igual el producto o lo que consuma la gente. Lo que es curioso y, a la vez real (porque así funciona la publicidad), es que si pones un hombre joven, "guapo" y fuerte en el anuncio de un coche, tienes más posibilidades de venta que si hubieras puesto a un hombre "feo" y con menos músculos... Obviamente, como ya hemos hablado anteriormente, sabemos que aquí hay parte de construcción social, así nos han inculcado y así reaccionamos ante esos estímulos visuales, así funciona el ser humano actual.

Es inevitable entender, que la fuerza, tener más músculos, en muchas ocasiones, puede ser una ventaja para la vida, al menos en labores más rudimentarias. Y, por eso, todos preferiríamos tener un físico fuerte y atlético. Como sabemos, muchos dirán que no, te dirán excusas baratas, como si fueran niños pequeños, porque no tienen los huevos para empezar o persistir en el gimnasio, pero en el fondo, sí lo prefieren. Al igual que también te dirán que no prefieren un mejor coche o una mejor casa... se mienten y creen que así se sienten mejor, pero si llegara la hora de la verdad y les pusieras la casa o el coche delante, firmarían más rápido de lo que canta un gallo. Lo que pasa, es que como no pueden llegar a ese nivel, porque no hay suficiente cerebro, prefieren sabotearse. Esa falta de sinceridad luego acarrea muchos problemas... Y cuidado, no estoy hablando de necesitar más cosas, estoy hablando, simplemente de preferir.

¿Quién se animaría a anunciar un champú con una chica "fea"? Y si un día te tienen que operar del corazón, ¿te importará si el cirujano es "guapo" o "feo"? ¿Sería ético que un hospital seleccionara a su personal médico y de enfermería en función a su belleza o, simplemente deberían de tener en cuenta si están capacitados para hacer su trabajo? Entonces, ¿es injusto que se contrate antes a una persona "guapa" que a una "fea"? Si la justicia es, o debería ser, igual para todos, ¿no crees que la belleza debería ser algo irrelevante?

## ¿Eres amo o esclavo?

Lo fundamental del filósofo Hegel es el concepto de dialéctica (algo con lo que filosofar para descubrir verdades). Consiste en que a cada afirmación (tesis), le corresponde su respectiva negación (antítesis). El choque entre ambas es una posible solución (síntesis), que posteriormente se conviene en otra tesis, y así sucesivamente. Es un método para llegar al conocimiento, considerado como un proceso histórico que tiende al absoluto. Una de las partes más interesantes es la dialéctica del amo y el esclavo. Con el amo y el esclavo, sugiere que en el marco de cualquier relación, siempre hay una parte de dominación. Es decir, hay personas que ejercen el poder y otras son sometidas a ese poder. Dos individuos siempre lucharán porque uno quiere dominar al otro, porque forma parte de la naturaleza humana.

Según Hegel, gana el que es capaz de arriesgarse hasta el punto de morir, lo que el esclavo no hará porque teme morir. ¡Por favor, vuelve a leer la frase anterior! Recuerda, la vida son 2 putos días y todo aquel que viva con miedo a morir, siempre estará sometido, se perderá cosas magníficas de la vida. Amigo, si temes morir, serás un esclavo, te torearán y harán contigo lo que quieran. Entiendo que nos es fácil, ¿puede haber personas que vivan sin miedo a morir? Más adelante, en la Parte 3, hallaremos la respuesta, hablaremos de la muerte y temas muy profundos e imprescindibles para un buen crecimiento personal.

Pongamos un ejemplo. Un jefe de una tienda de electrodomésticos es el amo, pero anteriormente, fue el esclavo. Por tanto, ahora que tiene el poder, hace lo que hacían con él cuando era esclavo. ¿Cuál es la preocupación de este jefe? ¿Crees que le preocupa que anteriormente fue esclavo? No creo, ya que el presente, "al ser mejor", le inhibe el pasado. Entonces, el jefe, actualmente, no sería esclavo, ¿cierto? Pero, sí necesita de un esclavo, el jefe está ligado al esclavo. Si no hubiera esclavo, no podría haber jefe. Date cuenta de que el jefe, siempre tendrá una influencia superior a él, por tanto, tiene poder pero también está sometido al poder. Entonces, ¿eso no convertiría al jefe también en un esclavo? Ahora te pregunto, ¿qué quiere un esclavo? ¿Crees que al esclavo le gustaría un poco más de reconocimiento, quizás, el sueldo de su amo? Entonces, ¿crees que al esclavo le gustaría ser el amo, el jefe? No lo creo, mucha gente rechaza ascensos de trabajo porque no les gusta el estilo de vida que llevan sus superiores, sus amos. Date cuenta, que un esclavo no quiere ser amo, porque si eres amo, estás vinculado a alguien, por tanto, sigues siendo esclavo. Lo que quiere el esclavo es **ser libre**. ¿Cómo puede conseguir un esclavo ser libre? El esclavo, deja de ser esclavo, cuando deja de desear ser el amo. La libertad radica en el desapego. Pero no es nada fácil, por no decir imposible, que una persona se desprenda de todas las etiquetas, cargas e imposiciones sociales. Ser libre, es que el esclavo deje de ser esclavo y que el amo deje de ser amo. La libertad se halla cuando no hay amos ni esclavos. Pero ¿se puede alcanzar una libertad plena en el mundo en el que vivimos?

## ¿Qué es el tiempo?

¿Qué hace un reloj? Simplemente define, de forma numérica, el paso del tiempo. ¿Qué es el tiempo? El filósofo Agustín De Hipona, más conocido como San Agustín, también se hacía la misma pregunta. Él decía: *"Si nadie me pregunta que es el tiempo, lo sé muy bien, pero si me lo preguntan e intento explicarlo, no sé qué decir"*. Tras reflexionar, llegó a la conclusión de que el presente, es un punto sin extensión entre dos nadas, el pasado que ya no existe y el futuro que aún no existe. Pero el tiempo, ¿no lo podríamos definir como las 24 horas que tenemos a lo largo de un día? En cierta manera sí, pero esas horas se podrían descomponer en minutos, segundos, milésimas de segundos, mitades de milésimas de segundo y así, hasta un instante infinitamente pequeño. Entonces, ¿cuándo podemos decir que algo está pasando ahora? Según San Agustín, no podemos, porque cuando nos referimos a ello, ya ha pasado. Por eso, el presente, es un punto rodeado de la nada y que no se puede extender. El presente fluye, se nos escurre entre las manos hacia el pasado, se nos escapa... El presente es como si no existiera, por eso mi querido amigo lector, no olvides de disfrutar al máximo porque la vida son 2 putos días.

# CAPÍTULO TRES

# ¿Prefieres un buen libro o un buen martillo?

*"Sólo sé que algunas veces tendrás que romperte para saber qué tienes adentro".*

— Benjamín Griss —

Atento a estas tres corrientes filosóficas. Dos de ellas son opuestas, lo cual puede generar ciertos problemas. Cuando alguien lleva su vida a extremos, siempre aparecen carencias por otros lados. La solución a este desacuerdo es la tercera corriente filosófica.

- Este movimiento filosófico surge paralelamente al Racionalismo (pensamiento contrario). El **empirismo** se fundamenta en la experiencia como origen de todo conocimiento. Para los empiristas los límites del conocimiento se encuentran en la propia experiencia ya sea externa o interna, fuera de ella solo existe la especulación. El empirismo se puede remontar a los sofistas y epicúreos, sin embargo se desarrolla en la modernidad. Representantes: Locke y Hume.

- Esta corriente filosófica se fundamenta en que la razón (la mente) es el origen del conocimiento, no la experiencia como defiende el empirismo. Es decir, solo podemos considerar como cierto aquello que parte del propio entendimiento. El **racionalismo** surge en el siglo XVII de la mano de René Descartes, quien trató de buscar un saber verdadero elaborado desde la razón. En la antigua Grecia Platón ya mencionaba esto, y más tarde lo hicieron San Agustín, Leibniz, Hegel, Spinoza...

- Esta corriente la inicia Emmanuel Kant, en gran medida, para solucionar la discordia surgida entre el racionalismo y el empirismo (razón y experiencia). Con ella, el filósofo pretende fijar los límites del conocimiento. Esta doctrina, el **Criticismo**, busca demostrar que el conocimiento parte de la experiencia pero que necesita de la razón para poder completarse, de aquí la frase: "sin sensibilidad ningún objeto nos sería dado y, sin entendimiento, ninguno sería pensado".

Imagina que tienes que arreglar un coche. ¿Prefieres un buen libro o un buen martillo? Tranquilo que no tienes que transformarte en un mecánico de coches, o sí, en un mecánico de la vida. Esta es la magia del capítulo. ¿Qué es lo realmente importante para mejorar tu vida?

Muchos lo tienen súper claro, lo más importante en la vida es un buen martillo (la práctica). El problema es que no se nace enseñado y si vas a basar tu vida en la práctica, te vas a romper cada uno de tus preciosos dientes de las hostias que te vas a meter. ¿Aprenderás? Por supuesto, pero nunca serás un técnico, no te gustarán los detalles precisos y mejorar tu propia perfección. ¿Pero esto es necesario para vivir? No, depende de si eres más conformista o ambicioso (lo cual no es avaricioso). Depende de cómo quieras enfocar tu vida, a qué nivel quieres llegar...

Hoy en día, hay mucha diferencia de estilo para un mecánico que tiene 60 años (persona muy práctica) y para otro que tiene 30 (persona muy teórica). ¿Los dos pueden reparar el vehículo? ¡Claro! ¿Uno es mejor que otro? No tiene por qué.

Está claro que alguien que tiene un buen libro, tendrá mucho conocimiento teórico y mucha tecnicidad. A la hora de tratar de reparar el vehículo, obviamente romperá cosas, porque es humano, no es perfecto y la imaginación es diferente a la realidad. Ahora bien, es una persona que por todo lo que tiene en su mente, sabrá lo que ha pasado mucho más rápido que cualquier otro, aprenderá muy rápido de sus errores y se convertirá en un mecánico eficiente en mucho menos tiempo.

¿Qué pasa con el que tiene solo un martillo? Pues que dejará el coche como un colador al principio, lo va a reventar, va a romper muchas más cosas que un teórico y no asociará correctamente el porqué de las cosas, para evitar volver a fallar en el futuro. Pero hay una gran ventaja; alguien práctico empieza a moverse, a hacer cosas, poner acción, muchísimo más rápido que un teórico.

Bien, ¿uno es mejor que otro? No tiene por qué. Simplemente, son diferentes estilos. La pregunta clave. ¿Quién podría reparar antes un vehículo? Imagina dos personajes, uno con un libro y otro con un martillo. Dos coches para reparar y ninguno de ellos ha pisado un taller mecánico en su vida. ¿Quién logrará reparar el vehículo antes, el teórico o el práctico? Piénsalo.

En este ejemplo ideal y no realista, lo que ocurriría es que el personaje práctico metería la acción mucho más rápido, ya que no tiene otra cosa que hacer. Eso sí, rompería muchas cosas pero ya estaría con las manos en la masa tratando de resolverlo todo. Mientras tanto, el personaje teórico aún estaría con el libro en la mano. Para muchos, este personaje, aún no habría empezado a reparar el vehículo, pero para muchos otros sí, en su mente.

Obviamente, el teórico empezaría a tocar el coche mucho más tarde que el práctico, pero rompería menos cosas y podría ir a más velocidad. En conclusión, los dos repararían el coche, llegarían a la meta exactamente igual, al mismo tiempo.

Fíjate, la mayoría de las personas piensan que lo más importante, lo más fácil o el mejor camino, es la experiencia. Y eso es lo que hacen, experimentar sin abrir un puto libro, así les va. Es obvio que el conocimiento sin la acción es tan solo ilusión. Si no te mueves, si no pones práctica, si no metes el pan al horno, no comerás. Es por ello, que la experiencia es súper necesaria y nos hace pensar que es, incluso, más que la teoría. Pero ahora bien, toda acción y todo movimiento depende de tu mente. La puerta del horno la abres con tu mano gracias a impulsos eléctricos de tu cerebro. Tal y como funciona tu mente, tal y como la tienes entrenada, es el resultado de tus acciones. Por tanto, ¿quién coño dice que entrenar la mente no es importante?

¿Quieres saber dónde radica la magia de la eficiencia? Recordemos que eficiencia es hacerlo bien en el menor tiempo posible. ¿Quién no quiere una vida eficiente? Creo que a nadie le es plato de buen gusto estar fallando continuamente en algo, todos queremos lograr nuestras metas o pequeños objetivos rápidamente. Entonces, ¿qué crees que hubiera pasado si decidieran trabajar juntos los dos personajes anteriores? Esto es eficiencia. Y ya que la vida son 2 putos días, vamos a aprovecharla. No veo congruente tener que estar fallando más de lo necesario. Por eso, el personaje que no quiera abrir un puto libro en su vida o no quiera dar un palo al agua, jamás podrá crecer.

Algo curioso del ejemplo anterior de los dos supuestos mecánicos, es que ambos cuando reparaban el coche hacían uso tanto del conocimiento como de la experiencia, solo que cada uno hacia un extremo diferente. Me explico, el personaje teórico, el que tenía un libro en la mano, leía muchísimo pero de vez en cuando, también se ensuciaba las manos, porque sabía que si no ponía nada de acción, el coche no se repararía nunca. En cambio, el personaje práctico, a pesar de solo tener un martillo y ensuciarse las manos sin cesar, en su mente, sin mucha tecnicidad, estaba elaborando su propio libro de reparación en base a ensayo y error.

## Lo que preferiría es un buen sistema educativo

Por desgracia, el sistema educativo en la mayoría de los países sigue totalmente anticuado, no avanza. Y eso repercute, que luego los padres, que han sido mal educados, eduquen mal a sus hijos. Obviamente hay gente con buenos valores, buena educación, con mucha conciencia, que miran por el prójimo, pero de forma general, falta tanto por cambiar...

Si saco este tema es porque, hoy en día, se reparten más martillos que libros y, además, los libros que se reparten no aportan mucho valor. Parece que los buenos libros de desarrollo personal los ponen en la sección de brujería, en el último pasillo, arriba del todo.

El sistema educativo es muy importante, ya que determina el futuro de una sociedad. Para muchos niños, la escuela es su enseñanza principal, aunque debería ser la segunda, si es que tiene padres. ¿Y cómo podemos educar bien a los niños con un sistema anticuado y un profesorado que, también, ha sido educado conforme a esta sociedad de conveniencia? Y ya no hablemos de grupos, razas o etnias con costumbres extra radicales, como por ejemplo: muchos les dicen a sus hijos que si se masturban, se quedarán ciegos o cosas peores. Por eso, falta tanto por cambiar... Además, la masturbación es uno de los actos más pacíficos que pueda haber, ya que sin ella, habría muchas más guerras.

¿Qué me dices cuando detectan a la ligera que un niño tiene TDA (Trastorno Déficit Atención)? ¿No podría ser, que muchos niños, simplemente, no encajan en el sistema o que no han recibido una buena educación en casa? Mete a una persona adulta, en una habitación, sin que pueda salir y oblígale a que esté 6 horas sentado en una silla con temas que le aburren. ¿Crees que le sería incómodo, prestaría mucha atención, lo soportaría? Difícilmente y como hemos dicho, también depende de la educación que ha recibido, la paciencia y el orden que ha forjado. Si para un adulto puede ser difícil, imagínate para un niño. El sistema ha caducado y la solución no la tiene una farmacéutica.

Hay países como Finlandia, que el sistema educativo es mucho más moderno y avanzado. Ellos no tratan de enseñar de forma muy generalizada, sino que se centran en cada niño, en cada inclinación, en cada talento y afición. ¿Lleva más trabajo? Claro que sí, pero los resultados hablan por sí solos.

Adam Smith, economista y filósofo escocés, nos hace ver que esta sociedad es competitiva y eso ya se manifiesta desde el colegio. Nos clasifican, nos imponen lecciones que no nos interesan o nos hacen memorizar cosas que solo las vamos a recordar un par de días, aparte de muchas cosas que están en desuso y no las vamos a utilizar. ¿Por qué los alumnos tienen que hacer matemáticas obligatoriamente, más allá de las operaciones básicas? ¿Por qué hay que estudiar música y no fotografía o meditación? Está claro que tiene que haber un mínimo, una base, pero poniendo siempre la excusa de, "por cultura general", parece que, en vez de criar personas, es como si criáramos borregos, vacas o cerdos. Las clases se parecen a las fábricas de las que hablaba Adam Smith, fichar o pasar lista al entrar, sirenas, material, fecha de fabricación... Los niños ingresan en el sistema por grupos de edad, ¿no podríamos utilizar otros criterios, como el talento? Y dime, ¿conoces muchos niños que los hayan puesto en cursos superiores? La mayoría de esos casos, los hemos visto en películas... Hoy en día, en la mayoría de los países, los alumnos tienen que adaptarse al sistema... ¿Y por qué no podría ser al revés? ¿No crees que podríamos encontrar muchos más genios en ámbitos concretos? La universidad, ¿debería ser un centro de conocimiento humanístico o una oficina de empleo para las multinacionales?

CAPÍTULO CUATRO

# Lujo, poder y placer

*"El lujo es una necesidad que empieza
cuando acaba la necesidad".*

— Coco Chanel —

**H**ay mucho que pensar ante estas palabras. Lujo, poder y placer. ¿El lujo es bueno? Pero ¿qué es el lujo y qué es algo bueno? ¿Es necesario tener poder en esta vida para acercarnos a la felicidad? ¿Se puede ser feliz viviendo de placeres? ¿Sin nada de placer es posible hallar la eudaimonia? Creo que es un tema muy importante ya que, hoy en día, nuestra sociedad está muy afectada con estas palabras. Además, son palabras que están, o nosotros hemos querido que estén, estrechamente relacionadas con la felicidad, lo cuál es el objetivo principal para la mayoría de humanos pero ¿debería de ser así?

- **Cinismo:** Es una corriente filosófica muy antigua (400 a.C.) que busca encontrar la felicidad fuera de las cosas efímeras como pueden ser el lujo o el poder. Para los pensadores cínicos, la verdadera felicidad se encuentra fuera de las cosas puntuales. Esta se consigue mediante la virtud, llevando una vida simple y alejada de las convenciones sociales. Representantes: Antístenes y Diógenes.

- **Epicureismo:** Corriente filosófica iniciada por Epicuro de Samos (341-270 a.C.) que considera que la sabiduría consiste en aprender a dominar bien los placeres con el fin de no ser dominado por ellos. En este sentido, el objetivo de las personas reside en alcanzar el bienestar a través del cuerpo y de la mente para, de esta forma, lograr la "ausencia de turbación" (ataraxia). Representantes: Horacio, Lucrecio Caro, Metrodoro de Lápsaco y Zenón de Sidón.

- **Estoicismo:** Esta corriente se centra en el ideal del ser humano, confía en un ser autosuficiente. La sabiduría radica en la capacidad que tiene el ser para alcanzar la felicidad sin necesitar nada ni a nadie. Aquel que consiga esto por sí mismo, sin necesitar bienes materiales, será más sabio. Representantes: Zenón de Citio, Posidonio y Séneca.

- **Marxismo:** La base del marxismo es una crítica al sistema capitalista, al cual se le acusa de haber permitido diseñar economías con resultados desastrosos e, incluso, horrorosas dictaduras. Las ideas planteadas en el manifiesto comunista dicen de destruir el sistema de clases sociales y la propiedad privada. Representantes: Karl Marx y Friedrich Engels.

# ¿Dónde está la felicidad?

Parece una pregunta muy simple pero es una de las más difíciles de responder en esta vida. Claro que cualquiera puede dar una respuesta a la ligera, según lo que tiene programado en su mente, según lo que conoce hasta ahora, según la mentira que quiere tragarse para no afrontar su debilidad... todo ello sin preocuparse si pudiera haber otra respuesta, más pura, que le acercara a la realidad.

Según Aristóteles, sin amigos no se puede alcanzar la Eudaimonia (término griego comúnmente traducido como felicidad, bienestar, vida buena, florecimiento humano o prosperidad). Para Aristóteles la búsqueda de la felicidad era la finalidad de la vida. Hoy en día, vemos la felicidad como si fuera un derecho humano y no una aspiración que debemos alcanzar y, por tanto, esto crea frustraciones. La hemos convertido en una obsesión enfermiza, pensando que tenemos derecho a ella y que vendrá a nosotros como si compráramos un regalo por internet. Muchos se consuelan diciendo que la felicidad se encuentra en las pequeñas cosas de la vida. Está muy de moda decir eso del olor del café por la mañana, ver un bonito atardecer, los pajarillos que cantan... Por una parte, te podría decir: *"Y una mierda, eso no es la felicidad, te estás consolando con esos detalles porque no tienes valor para poner acción en tu vida"*. Claro que podemos darle la vuelta a la tortilla y ver la felicidad como algo totalmente diferente, por eso, hay muchos otros pensadores, que no están de acuerdo con esta teoría. Los analizaremos más adelante. Para Aristóteles, la felicidad no es un estado, es una actividad. Solo es al final de la vida cuando se puede decir si has sido feliz o no. ¿Quieres ser feliz? Aristóteles dice que tienes que currar, poner acción, tienes que moverte.

Date cuenta de que, en cierta manera tiene sentido, fíjate. ¿Crees que una persona siente felicidad en su trabajo? Me refiero de forma general, personas que ya llevan años en su puesto de trabajo. A priori, no parece que sean muy felices, siempre van con caras de amargura en el metro, en el trabajo, estresados, es como si fueran esclavos... Pero ¿qué pasa si les quitas esas 8 horas de acción o movimiento al día, si los liberas? En efecto, sentirán vacío, tristeza y pueden caer en una depresión. Pero ¿se puede ser realmente feliz trabajando o simplemente es una distracción, un entretenimiento? Porque a pesar de que muchos de vosotros podáis disfrutar de vuestro trabajo y se os vea emocionados, al poco tiempo, estaréis contando los días que os faltan para las próximas vacaciones.

Como conclusión hasta ahora, podríamos decir que la felicidad se halla tras poner acción en nuestras vidas pero sintiéndonos libres. Y la pregunta interesante es, ¿uno puede poner acción, moverse, ir hacia algún lugar siendo realmente libre? ¿Uno puede ser libre si quiere ir hacia algún lugar? ¿No te das cuenta de que esa acción o movimiento hace que seas esclavo de tu destino? Por tanto, ¿Aristóteles está en lo cierto o está equivocado?

Mi querido amigo lector, como podrás comprobar, uno puede soltar una respuesta a la ligera y ser muy buena teoría, pero si no analizas, profundizas y comparas... ¿Está trabajando tu ego o tu conocimiento? Espero que no estés aburrido y sí estés emocionado leyendo esto, porque todo este pensar es una base increíblemente importante en tu desarrollo personal. Estás construyendo cimientos de muchísima calidad para poder soportar y digerir todo lo que viene a continuación. ¡Enhorabuena! ¡A cuántas personas les gustaría tener la mente que tienes tú ahora! ¡Valórala, disfrútala y aprovéchala!

¿Crees que valoramos más las cosas cuándo nos han supuesto un esfuerzo? ¿Prefieres una casa gratis ahora o trabajar por ella 20 años vendiendo perritos calientes? ¿Prefieres sacrificarte o recibir la casa ahora? ¿En qué caso podrías tener una vida más plena y feliz?

Imagina una persona que le ha tocado la lotería y otra que ha crecido mucho mentalmente y ha creado negocios. Los dos se compran una mansión increíble, ¿quién es más feliz? No es posible responder rápidamente la pregunta, ya que hay muchísimos aspectos que podríamos debatir de ambas personas. Podríamos hablar, en detalle, de sus vidas pasadas para saber cómo han llegado a este presente, podríamos hablar de sus ambiciones, sus emociones, sus cargas actuales...

Un detalle curioso e interesante, es que la persona que le ha tocado la lotería tiene un 80 % de posibilidades de perderlo todo en menos de 5 años. ¿Por qué? Porque es una persona que no ha sido entrenada o adaptada a ese cambio, a saber manejar e invertir esa cantidad de dinero, es una persona sin la suficiente educación financiera. Muchos de nosotros pensamos: *"Si a mí me tocara esa cantidad de dinero, seguro que sabría invertirlo bien y no me pasaría como al resto…"*. Lo curioso es que la cifra de porcentaje sigue sin cambiar, lo que indica que tu pensamiento, también lo tuvieron los que se han arruinado, porque no es lo mismo pensarlo que vivirlo.

También hay algo curioso que seguramente hayas escuchado. Si repartiéramos todo el dinero del mundo a partes iguales, lo que a priori puede parecer una solución para la pobreza mundial, lo que ocurriría es que en menos de 5 años, la mayor parte del dinero volvería a estar en las manos de los que antes tenían más, no solo dinero, sino conocimiento. Claro está que, quizás todos los pobres, pasarían 1 o 2 años viviendo de una manera increíble, pero ya conocemos la frase… *"No les des pescado, más bien, enséñales a pescar y nunca más pasarán hambre"*. ¿Y qué pasa con las personas adineradas y con una buena inteligencia financiera, durante los 2 primeros años? ¿Crees que por quitarle el dinero van a estar tristes y no se van a mover? Quizás por unos días sí, pero ellos, con poco dinero, saben hacer más dinero. Ellos no desesperan, porque saben que el dinero, crece más rápido con la mente que con las manos.

Está claro que todos, absolutamente todos, en el fondo, preferiríamos la casa ahora y no en 20 años, tras un duro sacrificio. Esto no es una preferencia tal como un sabor, es simplemente naturaleza e instinto humano. La cuestión es, ¿qué camino nos podría garantizar mayor bienestar en nuestra vida? Lo que ronde por tu cabeza puede ser bueno, pero no olvides que puede haber muchas variantes totalmente lógicas.

Cuando los Estoicos dicen que tenemos que aceptar las cosas tal y como son, no se refieren a que nos distanciemos del mundo, que nos convirtamos en seres insensibles y conformistas. Lo que quieren decir, es que no debemos ser esclavos de nuestros deseos, solo así podremos aguantar el sufrimiento. Ahora bien,

¿qué pasa si nos detectan un cáncer terminal? Los Estoicos creen que el problema no está en la enfermedad en sí misma, sino en la interpretación que hacemos. Muchas personas ven ciertas cosas como obstáculos y otras como oportunidades. Y tú puedes pensar: *"¿Qué oportunidad puedes ver si te detectan una enfermad grave?"*, pues, sencillamente, la posibilidad de experimentar un gran nivel de bienestar, que nunca lo habías sentido, ya que has podido recapacitar sobre muchas cosas realmente importantes. También puedes pensar: *"¿Y de qué sirve eso si te vas a morir en dos meses?"* Yo me voy a morir al igual que tú, 80 años te pueden parecer muchísimo, pero sigue siendo un instante infinitamente pequeño, además, en ese mismo instante que tú y yo vamos a vivir, prefiero sentir un nivel de felicidad que me haga vibrar, volar y no sentir tu mierda de amargura, frialdad e infelicidad.

Dicen que de todo se aprende, incluso de las malas experiencias. Y es cierto, pero no todo el mundo aprende a la misma velocidad. Y, como bien sabemos, todo aquel que quiere aprender en base, únicamente, a experiencia, aún se tiene que romper muchos dientes más. Porque todo aquel que quiere aprender sin devorar la historia y los libros, es como si viviera en la prehistoria pero estando en un mundo moderno y, por tanto, cometerá muchísimos errores y muchos más fracasos, que aquel que expande su mente a diario.

¿Crees que nuestra vida, nuestra felicidad, se ha convertido en consumir, en ganar dinero para comprar cosas? ¿El dinero da la felicidad? Está muy de moda esa frase de: *"El dinero no da la felicidad, pero ayuda"*. Creo que no es mala frase, pero analíticamente no es correcta, ya que si mucho dinero no da la felicidad, poco dinero tampoco la puede dar... Porque de lo que se trata, es de un estado mental y no de un estado material.

Karl Heinrich Marx, habla mucho del capitalismo, el consumismo y que no paramos de consumir muchas cosas que no necesitamos. El problema es el sentimiento de insatisfacción creado por esta mierda de sistema. ¿Por qué tiramos un móvil que funciona, solo porque el nuevo hace las fotos un poco mejor? Vivimos en una sociedad que malgasta y todo para satisfacer las necesidades, no del consumidor (como nos hacen creer), sino de la producción. En el sistema de producción capitalista, el ser humano vive alienado (en fila, recibiendo órdenes, como si estuviera hipnotizado), es un simple instrumento final, en una sofisticada cadena de producción. Marx decía: *"Si no te gusta este mundo, eres libre de revelarte"*. Por tanto, no todo está perdido, las cosas se pueden cambiar. Y no pongas la típica excusa de que ellos son muchos y no se puede hacer nada. Lo que sí es imposible, es que ocurra algo si no empiezas a moverte. ¿Y tú qué sabes si luego formas un grupo increíble y lográis mejorar muchas cosas? Hacer filosofía no es solo pensar la realidad, sino transformarla, poner práctica y acción.

¿Se puede vivir del placer? ¿La felicidad se halla en el placer? ¿El placer se puede transformar en una droga? ¿Cómo puede uno obviar la búsqueda del placer? ¿Hay que satisfacer todos los deseos? ¿La reflexión nos puede salvar de la angustia de no tener lo que queremos? ¿Cómo puede uno huir del dolor cuándo siempre está presente en la vida? La filosofía nos ayuda ante el dolor, nos puede ayudar, incluso, ante un dolor físico, de una enfermedad, ya que con nuestra mente, podemos agravar o no, la situación. También nos ayuda ante el dolor emocional, ese dolor que tenemos en nuestro fondo, de no tener la vida que queremos vivir. La filosofía puede apartar ese dolor y es como si ya supiéramos valorar mucho más los pequeños detalles de la vida. Pero ¿crees que eso provoca que ya, en el fondo, no queramos otra vida, un movimiento u otra acción diferente?

Mi querido amigo lector, seguro que has escucho la frase: *"La cabra tira para el monte"*. Pues es muy sencillo, tú no eres una cabra (eso espero), pero sí eres un animal. Perteneces a este mundo, al fruto de la evolución y como tal, tienes sensaciones e impulsos tal cual como un animal. Por eso, sin irnos a un extremo y perder todo nuestro racionalismo y evolución, creo que hay que darle al cuerpo lo que quiere y no llenarlo con conceptos que son impotentes ante la fuerza de las sensaciones. Porque tú, yo y todos, lo que queremos es comer, dormir, beber y follar, entre muchas otras cosas.

Por otra parte, Henry David Thoreau (escritor, poeta y filósofo estadounidense), quiso demostrar que podemos vivir de una manera sencilla y autosuficiente. Tanto es así, que se fue a vivir a un bosque durante 2 años. Él decía: *"Fui a los bosques porque deseaba vivir deliberadamente* (de forma intencionada), *hacer frente solo a los hechos esenciales de la vida y ver si era capaz de aprender todo lo que la vida me tenía que enseñar. No quería descubrir a la hora de la muerte, que no había vivido".*

Según San Agustín, de la misma forma que estamos expuestos al flujo irreversible del tiempo (el tiempo no vuelve), no podemos disfrutar, para siempre, de la posesión de ningún bien. En cuanto nos sentimos satisfechos por poseer algo, tenemos inmediatamente el miedo a su pérdida, por lo tanto, según San Agustín, el mundo por sí solo, nunca nos podrá dar la verdadera felicidad. No nos dice que sea imposible ser feliz, pero sí algo muy complicado, porque la felicidad consistiría en tener y conservar lo que deseamos, pero también en no tener miedo de perderlo, lo cual no es posible o sumamente difícil. Esto mismo, también sirve para el tema parejas. San Agustín dice que disfrutamos realmente de alguien, cuando le queremos por sí mismo, el amor de verdad no espera nada a cambio, el amor puro consiste en amar desinteresadamente. Esto quiere decir, que si queremos a una persona, no le podemos exigir que nos quiera al mismo tiempo, no podemos ponerle condiciones, incluso, tenemos que estar dispuestos a perderla.

¿Crees que este libro sirve para ayudarte a ser más feliz? Seguramente sí, por eso lo has comprado y quieres seguir leyendo. Pero ¿eres tú o es el libro? Obviamente, eres tú quien está procesando todo en tu mente y tú mismo, te estás implantando una nueva filosofía o una nueva creencia que te ayuda a sentirte mejor. Puede que, simplemente, estés recordando o repasando algo que ya sabías. Por eso, comúnmente, se les llaman, libros de autoayuda. Muy bien, ¿pero crees que sin el libro en tus manos, hubiera sido posible? Por supuesto que no, el libro ha sido la chispa, el impulso... ¿Por qué te explico esto? Porque es muy difícil, por no decir imposible, que nos podamos ayudar a nosotros mismos, siempre recurrimos a algo nuevo o algo que ya sabemos, pero de una fuente externa a nosotros. Por ejemplo, un vídeo que viste por internet, una conferencia a la que asististe, un buen consejo de un amigo, el libro que sostienes en tus manos, una sesión con un psicólogo... Por tanto, este tipo de libros (autoayuda, autoconocimiento...) también se los podría catalogar, simplemente, como libros de ayuda.

Con todo lo que hemos hablado hasta ahora... Imagina un vecino de tu barrio que te pregunta: *"¿Eres feliz?"*. Arthur Schopenhauer, decía que la felicidad es una ilusión lamentable (lo que vendría a ser lo contrario a la supuesta felicidad), y que la filosofía tiene que combatir el concepto de felicidad como la más ciega de todas las tonterías. Lo que aquí se quiere decir, es que la felicidad es una palabra muy grande, muy personal, muy difícil de entender, incluso, para los expertos. No se trata solo de sonreír, reír tras un chiste, estar emocionado por tu coche nuevo, estar relajado tras el polvazo que has pegado, bailar súper motivado porque es la canción que te encanta, la que más te distrae... Entiendo que tener esos momentos puede estar bien, te pueden aportar placer, bienestar momentáneo, pero la felicidad va mucho más allá.

Si tienes la cabeza hecha un lío, ¡enhorabuena, es la misión! Quiero que lo pongas todo patas arriba, que seas un cuestionador nato y saques tus propias conclusiones. Eres un ser humano, como otro cualquiera y tu opinión tiene la misma importancia. Cuando te pregunten si eres feliz a la ligera, les puedes decir: *"¿Y yo que coño sé?"*, *"¿Qué es la felicidad para ti?"*.

# Política de mierda

¿Lo importante son las respuestas que damos o las preguntas que nos hacemos? Hacerse preguntas era lo que hacían los Presocráticos y es algo que todos deberíamos practicar. No hay mejores vitaminas para la mente humana que cuestionar y dudar lo cuestionado.

Hemos de luchar contra el interés que tiene el poder por idiotizarnos. Debemos estar atentos a lo que pueda pasar porque estamos gobernados por una panda de ineptos, incultos y sociópatas con poder. Lo peor de todo es que la gente los cree. Duda de todo mi querido amigo, de todo lo que diga cualquier imbécil encorbatado detrás de una tarima o una mesa de despacho, haceos preguntas. Por ejemplo, ¿un político inteligente tendría futuro entre tantos imbéciles con derecho a votar? Hoy en día la política se ha convertido en teatro, un auténtico postureo.

Según el filósofo polaco Zygmunt Bauman, nos ha tocado vivir en un mundo lleno de incertidumbres, todo lo que hay a nuestro alrededor es precario (poco estable o seguro) y cambia cada vez más rápido. Nuestra realidad se ha vuelto líquida, según su definición. Vivimos en un mundo, donde estamos obligados continuamente a tomar decisiones pero, cada vez, tenemos menos capacidad para decidir. Nos dicen que votando podemos cambiar las cosas pero, al fin y al cabo, lo que más influye es la economía, el dinero. La política se ha convertido en un espectáculo, ahora todos los partidos tienen redes sociales. Es curioso que días previos a las votaciones, y solo días previos, van a los mercados para saludar, se suben al metro de la ciudad y así poder ganar más votos. Hoy en día, la política es un postureo, tratar de aparentar, dar la mejor imagen, la más positiva...

Se nos dice que somos más libres para trabajar allá donde queramos, pero los trabajos cada vez duran menos. Tenemos más posibilidades de planificar nuestras vidas, pero el futuro nunca había sido tan incierto. Bauman dice, que en esta sociedad líquida en la que vivimos, no hay quien tome decisiones sensatas, es como si fuéramos los pasajeros de un avión, que no solo sufre turbulencias, sino que vuela sin piloto... ¡O cogemos el mando o nos la pegamos!

¿Nuestros gobiernos son malos? Puede, pero también ha habido peores. La historia nos ayuda a ver que ya no hay tantas atrocidades, pero aún hay mucho por cambiar. Obviamente, sigue habiendo hijos de puta que tienen demasiada responsabilidad, lo único que ahora, esta gente, viste de domingo, con corbata y te saludan como si sus vidas fueran perfectas.

Platón y Aristóteles lo tenían muy claro, un político tiene que ser decente, porque un indecente destruye todo lo que tiene que gobernar. Y tú, si en un futuro te dedicases a la política, ¿serías íntegro? Te hago otra pregunta que te ayudará a responder la anterior, ¿si tu jefe actual, te quisiera dar un extra en dinero negro (sin pagar impuestos) por tu buena eficiencia, lo aceptarías? Está claro que no hay que defraudar al estado y entiendo que los principios morales de las personas sean esos, pero el problema es que la gente se aleja del sistema porque es muy castigador. ¿Por qué el sistema no recompensa a los ciudadanos ejemplares? Sí, debemos pagar impuestos, pagar las multas... Y, ¿por qué no podría haber otro sistema de agradecimiento a personas que paguen todo correctamente, en vez de una triste paga tras la jubilación? ¿Debemos de someternos al sistema o el sistema debería de preocuparse, un poco más, por nosotros? Claro que el sistema tiene que vigilar y castigar a los corruptos, sino todo se va a la mierda. Pero fíjate, ¿a quién le interesa una madre o un padre que solo castiga? También nos gusta que nos mimen un poco, ¿no? Entonces, ¿por qué no se recompensan nuestras buenas acciones? ¿No bajaría el número de defraudadores si nos recompensaran cuando nos portamos bien? ¿Habría menos corruptos?

Todos sabemos que hay partidos políticos que se han enriquecido o se han financiado con dinero negro, que han cobrado comisiones bajo mano, que han otorgado cargos a dedo por intereses económicos inconfesables. ¡Corrupción en estado puro! Pero aun así, esos partidos vuelven a ser votados, ¿no os parece alucinante? ¿Por qué la gente es tan ignorante? En el fondo, los que votan a los corruptos, están diciendo que ellos también lo harían, meterían la mano en la caja si tuvieran la oportunidad.

Thomas Hobbes, un filósofo del siglo XVII, decía que si todos hiciéramos lo que nos da la gana, todo sería un caos, sería una guerra constante de todos contra todos. Según él, las personas tienen, esencialmente, deseo de poder. El estado natural del ser humano es una lucha violenta para imponer su voluntad sobre los demás, pero al mismo tiempo, el ser humano, tiene miedo de no sobrevivir. Por eso, Hobbes, aconseja la instauración de un gobierno fuerte que de seguridad y evite la destrucción entre los individuos. El ser humano, tiene que llegar a un acuerdo y someter sus intereses a una autoridad que instaure un orden. Hobbes, aconseja respetar esa autoridad como una estrategia de supervivencia. Él decía que había que matar un poco los impulsos egoístas y obedecer al gobierno, ya que es lo que, en teoría, nos conviene. Sino podríamos volver a estados de guerra permanente, donde el ser humano es un lobo para el ser humano. Hobbes, afirma que las personas son egoístas, malvadas, violentas, insolidarias (que no tienen compasión) y capaces de lo que sea para satisfacer sus deseos.

Pero tú, querido lector, ¿qué opinas? ¿Crees que sin un gobierno, hoy en día, nos podría ir mejor? ¿Crees que sin la religión, el mundo estaría más unido, con menos guerras y confrontaciones? Actualmente, no hay ningún estado que no necesite la institución económica de la familia para su buen funcionamiento. Friedrich Engels, decía que podríamos ser más revolucionarios, librarnos de las ataduras de la propiedad privada y que podríamos ser valientes para huir de la familia. Hoy en día, no es fácil, los jóvenes tardan mucho en abandonar el círculo familiar. Nos han hecho creer que el amor debe durar y que lo debemos realizar formando una familia y, mientras tanto, toda una industria se organiza en torno a esa idea; las inmobiliarias, las hipotecas con los bancos, los biberones, los pañales, los parques temáticos... Consumo y familia; el estado sin la familia se va a la mierda.

## Los límites de la ética

Hoy en día, ¿está bien visto ser exitoso? A veces, será mejor que digas que estás enfermo antes de decir que has tenido éxito, así a lo mejor te lo perdonan. El filósofo escocés Adam Smith, decía que el éxito económico de cualquier país depende básicamente de 3 cosas: del interés propio de su gente, de su capacidad para competir y de su respeto por el libre funcionamiento del mercado. Él decía que trabajamos, no para contentar a los demás, sino para beneficio propio. El hecho de mirar por uno mismo es la fuerza impulsora de la producción, según Adam Smith. Este filósofo veía la competencia como un hecho positivo, que nos obliga a ser, cada vez, más eficientes y productivos. Lo que pasa con la competencia es que siempre nos va a separar entre exitosos y fracasados y esto, es precisamente lo que aprendemos en la escuela.

¿La moral ha cambiado? Ahora tenemos mucha más información que en los años 80, por ejemplo, para las personas con síndrome de down. Actualmente, ¿consideras que es ético hacer bromas o decir chistes sobre personas con síndrome de down? ¿Por qué? ¿Qué límites tiene el humor? Obvio que tiene que haber libertad de expresión y se debería poder hacer chistes de todo. Pero ¿a qué nunca has visto a un padre con un hijo con síndrome de down hacer un chiste sobre ellos? Hay muchos tipos de chistes para reírse, pero no te preocupes; si naces hombre, blanco, rico y heterosexual, no tendrás problema alguno.

Si fuésemos completamente sinceros, ¿existiría la ética? Por una parte, podemos pensar que no, ya que ir por la vida diciendo toda la verdad, podría ser el caos. Es decir, ¿la falta de sinceridad ayuda a mantener un orden, que evita que vivamos como salvajes? Fiódor Dostoyevski, decía que si el ser humano contara sus secretos más íntimos, se desprendería un hedor, que haría del mundo un lugar irrespirable. Por otra parte, podríamos pensar que sí existiría la ética, aunque decidiéramos ser completamente sinceros, ya que hay diferencia entre decir la verdad y hacer lo correcto. Ética no es sinónimo de verdad, aunque es tan necesaria como el aire que respiramos.

¿Es ético que un hombre de 42 años tenga sexo con una adolescente de 17 años? Y sí, los dos querían tener sexo, y no hubo ningún forcejeo. ¿Sería ético teniendo en cuenta que el hombre sí conocía la edad de la joven? El límite de la edad adulta o mayoría de edad, ¿es un número o un estado de comportamiento y madurez individual? ¿Quién determina qué es ético? Entiendo, que puede ser bueno que haya normas, a nivel general, que controlen a la sociedad y no haya tendencia al desorden y al caos. Pero cuando hay un caso concreto como este, que nos puede generar dudas, ¿por qué aplicamos, rápidamente, una ley de condena y no una ley más humana de razonamiento? Es cierto, que la chica puede ser muy inmadura, inocente y el hombre, mentalmente, ha podido aprovecharse, ha podido jugar con ella, psicológicamente, para llevarla a su terreno. O tal vez no, tal vez la chica es súper inteligente, lista y avispada, muy madura para su edad y, simplemente, quería pasar un rato agradable con otro ser humano que le excitaba bastante.

¿Qué sentido tiene hacer el bien? En principio, tiene sentido para una buena vida en común, pero eso no quita que aún haya muchísima gente que haga lo que le venga en gana, aprovechándose de toda la gente buena... Más concretamente, ¿qué es hacer el bien? ¿Hacer el bien es ser buena persona? ¿Crees que hay alguien que se considere mala persona? ¿No crees que en vez de buenas o malas personas, simplemente, hay actos? Porque fíjate, toda persona que realiza un acto, lo hace para sentirse mejor, ya sea subir su autoestima, complacerse de alguna manera, cubrir ciertas necesidades, aumentar su nivel de importancia... Todos tenemos ego y es inevitable que cualquier acto que realicemos, tenga más o menos cantidad de ego. El ser humano, es una lucha constante de ego y, por tanto, cualquier acto que provenga de otra persona ajena a nosotros, nos puede resultar muy chocante, de una "mala persona".

Date cuenta de que, el mal siempre se ha hecho en nombre del bien. Por ejemplo, Adolf Hitler exterminó a millones de judíos en nombre de un supuesto bien, que para él era conservar, únicamente, la raza Aria. Y sí, es una mierda, porque en nombre del bien, podría valer todo. Precisamente, para evitar esas atrocidades, es necesaria una ética a nivel general. También es verdad, que muchas personas están a favor de lo que hizo Hitler, por increíble que te parezca. Habrá quienes sean unos racistas de mierda y por eso están a favor. Yo creo que somos personas en un punto del cosmos y nada más, el resto y las fronteras, son puro ego. Lo curioso, es que otras personas ven a Hitler como un gran inventor, alguien que trató de realizar muchos avances científicos, obviamente fuera de la ética. Realizaron muchas pruebas inhumanas practicadas a prisioneros en campos de concentraciones. A través del uso de la tortura, descubrieron información que es, discretamente, utilizada por los médicos y los científicos de hoy en día. Por ejemplo, avanzaron en el estudio de la hipotermia, al someter a las víctimas a graves torturas: los sumergían en tanques de agua helada o los dejaban fuera, al aire libre, en el frío invernal para vigilar los cambios en la temperatura corporal, la frecuencia cardíaca, la respuesta de los músculos, la orina... Hasta que no aguantaban más y morían. Esto es triste, desgarrador, impotente y, obviamente, yo no estoy de acuerdo, hay otros modos para hacer investigaciones. Pero te pregunto algo, en estos actos que realizó Hitler, ¿hay algo, por poco que sea, de buena persona? Yo también quiero gritar un fuerte *"no"*, pero recuerda que estamos filosofando y para que puedas entender la pregunta, quiero plantearte un ejemplo muy curioso e impactante.

Sabes que, actualmente, no hay una cura contra el cáncer como cuando tenemos dolor de garganta o de cabeza. Si se te inflama la garganta, vas al médico, te da una simple pastilla y en cuestión de una hora, ya estás perfecto. Con el cáncer no ocurre lo mismo... Existen fármacos que pueden ayudar a que la enfermedad no avance, pero matan otras cosas, en definitiva, cada año, por culpa del puto cáncer, fallecen 9,5 millones de personas, desde niños hasta ancianos. Una infinidad de tragedias, demasiadas historias tristes e impactantes... A todos nos gustaría que el cáncer desapareciera, ¿verdad? Pues no, me temo que los que controlan el mundo, prefieren que siga así, temas de sobreexplotación del planeta. Cuando hay una crisis mundial por un virus asesino, somos capaces de sacar una vacuna en cuestión de meses, todo el planeta trabajando para ello y se logra. ¿No te parece extraño que llevemos tantísimos años sin hallar una cura eficaz para el cáncer? Ahora bien, muy atento que aquí viene lo más interesante.

Imagina que yo te propongo sacrificar 100 personas del Planeta, de forma aleatoria e instantánea a cambio de la cura contra el cáncer. Tú no puedes ser una de esas 100 personas, para que puedas ver el ejemplo desde un punto de vista exterior, sin que pudieras sentir pánico por si fueras escogido. Entonces, ¿accederías? ¿Te parecería ético sacrificar 100 personas y salvar 9,5 millones de personas en un año? Pero eso no es todo, ya que la tasa de mortalidad por cáncer sigue aumentando. Cada año mueren más personas por esta enfermedad. En 2040 se prevé, que en un año, puedan fallecer por cáncer 16,4 millones de personas. Ahora, imagina que la cura contra el cáncer la descubrimos en 50 años, como pronto. Esto suma, como muy poco, desde hoy, hasta el día que se halle la cura, de un total de 700 millones de personas. Obviamente, sacrificar 100 personas no es ético. Pero ¿tendría un mínimo de ética sacrificar 100 vidas y salvar 700 millones? Tranquilo, que no te estoy programando la mente para que seas un asesino, simplemente, estoy tratando de llegar al límite de tu ética. ¿Y si te digo simplemente una sola vida? ¿No accederías a que una sola persona muriera al azar y poder salvar 700 millones de vidas? Además ya no existiría el cáncer, y por tanto, eso son muchísimas, pero muchísimas vidas salvadas. Si sigues diciendo no, te entiendo, pero te pregunto, ¿es una respuesta en base a la ética o al ego, a la incapacidad de soltar?

Imagina esa típica película de un trasatlántico, un gran ferry a punto de hundirse, pero si una persona nada hacia una habitación sumergida y presiona un botón, todo el buque se salva. ¿Cuál es el problema? Que la persona que decida hacerlo puede llegar y pulsar el botón, pero no puede regresar por falta de aire y, por tanto, moriría. ¿Es ético que se sacrifique una persona para salvar todo el buque? ¿Sería correcto que alguien lo hiciera o mejor esperar y morir todos ahogados? Date cuenta de que este ejemplo es mucho más agresivo que el anterior, ya que estamos comparando una persona con, tan solo, 1.200 personas y no 700 millones. Entonces, ¿a qué número de vidas salvadas sería ético sacrificar una persona? ¿Cuánto vale una vida? ¿Y un precioso perro por 700 millones de personas? Recuerda que un perro es un ser vivo en constante evolución, al igual que tú.

¿Crees que todo ser humano tiene dignidad? ¿Merece respeto un asesino en serie de niños? Atento a este estudio que hicieron en la Universidad de Virginia en Los Estados Unidos. Imagina que tienes que programar un coche inteligente de forma autónoma (que funciona de forma automática). Un día ese coche se queda sin frenos, metros antes de un paso de peatones, por el cual están pasando 8 individuos. ¿Qué es más ético, qué el coche atropelle a un grupo de 3 peatones o a un grupo de 5? La respuesta puede parecer obvia, es mejor 3, ya que hará un daño menor. Y si ahora te digo que el grupo de 3, son niños y el grupo de 5, son ancianos de 90 años, ¿dónde programarías el atropello, qué sería más ético? ¿Sigues pensando que matar a un grupo de 3 es hacer el menor daño posible? Obvio que todo ser humano tiene dignidad pero ¿puede ser que algún ser humano, tenga un poquito más o un poquito menos dignidad que otro?
Ahora imagina, que por el mismo paso de peatones cruza una anciana, un enfermo, un ejecutivo y un ladrón. ¿Cómo programarías el vehículo para que hiciera un mal menor? ¿A quién el vehículo podría arrollar? Seguramente, la mayoría, vemos al ladrón como el mal menor, ya que es una "mala

persona". Pero ¿y si te digo que al enfermo solo le queda un mes de vida? En cambio, por muy difícil que parezca, un ladrón puede cambiar. Las personas cambian y mejoran. Obviamente, hay trastornos graves que no tienen solución pero eso no se compara a una persona que simplemente ha vivido rodeado de mala educación. Todos conocemos a alguien que parece que nunca cambia, pero toda mente humana, de manera científica y con mucha paciencia, puede cambiar sus creencias, formas de pensar, valores, etc.

Un dato pequeño y curioso: algunas autopsias que se realizaron a personas dementes demostraron que su "locura" fue intencionada e integrada con el paso del tiempo, posiblemente, por baja autoestima y por falta de atención.

Entonces, si el ladrón tuviera posibilidad de reinsertarse y ser productivo, mientras que el enfermo no, ¿a quién matarías o a qué otros 3 individuos salvarías? ¿Se trata de aplicar razonamiento o sentimiento para tomar una decisión así? ¿La ética se puede basar en los sentimientos de cada uno? ¿Los sentimientos de cada uno, no son personales y subjetivos? Si hablamos de hacer el menor daño posible a la sociedad, en este paso de peatones, ¿debemos tener en cuenta la economía? Date cuenta de que el enfermo tiene un coste a la sociedad y hemos hablado de que no tiene posibilidad de sobrevivir. ¿En la sanidad pública no se tiene en cuenta el dinero para tomar decisiones?
El factor económico sí se tiene en cuenta al tratar a los pacientes y mucho más, en países como Estados Unidos. En este caso, la pregunta se podría replantear de otra manera. En vez de pensar cómo hacer el menor daño, podríamos plantearnos, ¿cuáles son los 3 a los que sale más a cuenta salvar?

Este ejemplo, el del coche inteligente, es una variación del famoso dilema del tranvía sin frenos, ideado por la filósofa Philippa Foot, hace más de 50 años. ¿Crees que puede haber una sola respuesta correcta ante estos dilemas? Y si el coche es tan inteligente, ¿por qué no salva a todo el mundo? Y sí, en principio, tiene que pasar por el paso de peatones. Pero ¿por qué no podemos hacer que el coche vuele si le fallan los frenos? ¿Es más difícil? Sí, pero en eso consiste el buscar soluciones y es más que posible hacerlo, aunque requiera más esfuerzo. ¿Por qué debemos escoger a quién matar? ¿Por qué la humanidad está obsesionada con el sacrificio? Nos hacen posicionarnos y que digamos a quién deberíamos matar o salvar, cuando un día, puede que seamos nosotros el anciano, el ejecutivo, el delincuente o el enfermo que cruza la calle.

Antes de cerrar este apartado y capítulo, quiero preguntarte: ¿Podrías llegar a perdonar a ese nazi que ha matado miles de judíos? Obviamente no lo defiendo y considero que no hay palabras, es una atrocidad, algo completamente desgarrador. Pero hemos hablado, de que no hay buenos ni malos, simplemente actos y, además, "actos buenos", desde el punto de vista de quién los comete. Aparte, hemos dicho que todo el mundo tiene dignidad y que cualquiera, con paciencia, podría llegar a mejorar y cambiar como persona. Entonces, ¿perdonarías a un nazi, a una persona que ha matado miles de inocentes, inclusive, niños? ¿Dónde está el límite de tu perdón? Habrá gente que diga que sí, que podrían perdonar, por ejemplo, a un soldado nazi. Obviamente, no es lo mismo hablarlo así, que haberlo vivido en aquella época o que hubiera afectado a tu familia. Pero la mayoría, no seriamos capaces de perdonar un hecho así, ya que lo vemos como una amenaza inminente, un gran peligro para la sociedad, para la supervivencia. Es súper injusto que una persona, así como si nada, decida arrebatar la vida a otra persona, destruir la historia preciosa que estaba creando, tantas vidas acabadas...

Atento al pensamiento de Hannah Arendt, una de las filósofas más influyentes del siglo XX. Ella, ante un joven soldado nazi, culpable de asesinar a miles de judíos, lo consideraría una persona normal. Es decir, ella argumenta que si cualquiera de nosotros nos hubiéramos encontrado en aquella situación, a lo mejor, habríamos hecho lo mismo. Ella no lo justifica, simplemente, deja claro que el mal podría ser obra de la gente corriente, que se deja llevar por la ideología dominante, sin preguntarse ni cuestionarse nada. Ella no culpa al joven nazi por el acto de asesinato en sí, ya que cualquiera por presión social o que nos amenazaran con matarnos, hubiéramos hecho lo mismo o más. Ella lo que culpa, o más bien, no quiere perdonar, es el acto de no estar dispuesto a pensar.

¿Qué crees que es más difícil, perdonar o pedir perdón? Según Hannah Arendt, no puede haber perdón sin arrepentimiento. ¿Tenemos que perdonar a los que comenten atentados terroristas contra gente inocente y no se arrepienten de nada? ¿Debemos perdonar a los policías que en una manifestación, le sacan un ojo a una joven con una pelota de goma? ¿Habéis oído a alguien pedir perdón por los crímenes del franquismo? En palabras de Hannah Arendt, solo se perdona a quien reconoce el mal que ha hecho y se arrepiente.

Después de lo que se supo sobre Michael Jackson y su supuesta relación con menores, ¿debemos seguir escuchando sus canciones? Al final, sobre aquellas acusaciones, el cantante quedó libre. Podemos pensar que al ser una figura pública tan importante, perdonar es más fácil. También es verdad que cuando el río suena, agua lleva; pero una persona tan famosa, puede tener muchos enemigos, que lo quieran destruir a base de mentiras.
Supongamos que sí abuso de menores. Entonces, cuando reproduces su música, estás apoyando lo que hizo y, además, herederos reciben más dinero. ¿Sería ético escuchar su música? Si no lo fuera, ¿es por lo que hizo o porque el dinero, ahora, lo reciben sus herederos, personas que no hicieron esa música? ¿Es justo juzgar la obra de una persona a partir de su vida privada? ¿Deberíamos separar el arte de la vida personal? ¿Las obras de arte no tienen una realidad independiente del artista? Quizás, para algunos, puede parecer muy radical censurar la obra de un artista, porque su vida no ha sido ejemplar en algún momento. En la historia hay muchos genios imperfectos, por ejemplo, el pintor Caravaggio. Este pintor asesinó a un hombre. ¿Hemos de destrozar todas sus pinturas? ¿No? Entonces, ¿apruebas el asesinato o estás separando el cuadro del pintor? Y si te digo que a la persona que asesinó, fue a un joven al que le mutiló el pene y no pudo sobrevivir, muriendo desangrado (hecho, supuestamente, verídico), ¿seguirías dejando las pinturas intactas? Y si un cantante hubiera abusado de tu hijo, ¿también separarías la obra del artista, escucharías sus canciones como si nada?

Otros muchos piensan que debemos de juzgar a las personas por sus actos, tienen que pagar por ello, pero el arte no tiene nada que ver y lo deberíamos de dejar intacto. Date cuenta de que la mayoría de los smartphones o zapatos de marca que llevamos, tienen sede en países poco desarrollados porque les sale muy económico y violan los derechos de los trabajadores, pagándoles una miseria o, incluso, "contratando" a niños. Pero claro, ¿quién está dispuesto a dejar de comprar estas marcas?

### *Para terminar la segunda parte del libro...*

Si te fijas, en esta segunda parte del libro, te he propuesto muchísimas preguntas. Porque la magia en todo desarrollo personal no radica cuando lees, sino cuando te haces preguntas y reflexionas. Por eso, mi querido amigo, espero que todos estos temas que hemos leído y reflexionado hasta ahora, sean suficientes para que te des cuenta, que no sabemos una mierda y que, muchas veces, el ego nos impide ver que aún hay demasiado por crecer, aún hemos de expandir mucho nuestra mente.

La verdad, todos los ejemplos de los que hemos hablado me resultan súper interesantes pero si miro la foto del Planeta Tierra... toda la importancia se reduce a una única pregunta: ¿Qué hacemos en medio de este sin sentido?

Mírate la mano. Sí, tu mano. Mírala, detenidamente, por ambos lados. Fíjate en las líneas de tu piel, los dedos, los huesos, las uñas... Millones de manos en el mundo con el mismo aspecto y, a la vez, es única.

Nuestro hogar es una diminuta mancha en medio de la penumbra cósmica. Teniendo en cuenta que somos tan poca cosa, ¿merece la pena que nos matemos los unos a los otros? ¿Es necesario buscar el poder o la fama?

# DESPUÉS DE MORIR

# Introducción TERCERA PARTE

Cada cultura tiene su religión. Dentro de cada cultura, de cada país, hay un montón de variantes religiosas, puro ego... Hablamos, como ya mencionamos antes, de un total de 4.200 religiones.

*Pero solo una es la que te llevará a los brazos del Creador, a un lugar súper precioso donde podrás vivir en paz. Ahora bien, para lograr esto, tienes que seguir unas normas. ¿Qué normas? Las que a mí me han salido del piturrín. Las cumples, bien, que no, al puto infierno, a sufrir por siempre. Esto no es un chantaje emocional, es la realidad. Estas leyes, a pesar de que son machistas, racistas, denigrantes, homófobas y que van en contra de la naturaleza humana, te hará mejor persona.*

*Tú confía, aunque no veas nada y no haya suficientes pruebas, tu confía. Haz como que te lo crees, haz teatro si hace falta, métetelo tan dentro de ti, hasta el punto de que ya no tengas dudas y veas la película como un drama basado en hechos reales.*

*Si alguien te intenta ayudar, diciendo que la religión en una mentira... no lo escuches. Esa persona está siendo usada por el mal, por los demonios, Dios lo está permitiendo para poner a prueba tu fe.*

*No olvides esto. Si ocurre algo muy bueno, es gracias a Dios, porque él es bueno siempre, es maravilloso. Pero si se muere tu hijo o tu hermano pequeño de cáncer, lo asesinan o lo atropella un camión... no ha sido Dios, simplemente, lo ha permitido. Nos está poniendo a prueba, Dios lo ha querido así, quizás necesita al niño en el cielo, que seguro que no tiene suficientes allí arriba...*

*Confiemos en Dios, él sabe todas las cosas, incluso lo que vamos a pensar a continuación...*

*Si alguien te intenta convencer de su religión, no lo escuches. Los pobres han sido engañados, te quieren por interés económico, pero la nuestra no. Nuestra religión es la correcta, ¡qué suerte tenemos, qué bien me siento!*

Querido amigo lector, todas las religiones del Planeta Tierra, tienen la misma puta cosa en común:

# NO ACEPTAR LA MUERTE.

# CAPÍTULO UNO

# No pienses pedazo de friki

*"El problema con el mundo es que los estúpidos están seguros de todo y los inteligentes están llenos de dudas".*

— Bertrand Rusell —

**A**sí es mi querido amigo, muy pocas personas quieren aceptar la muerte. Todos estamos infectados por la religión, hay demasiadas secuelas, demasiados supersticiosos... Pero, luego existen, por ejemplo, ateos que son adictos a las series, a la música, al sexo, videojuegos, drogas, casinos, discotecas... He dicho adictos, sí. ¿Por qué? Porque entretener a tu mente, evadiendo la realidad, crea adicción, por el miedo a destapar la caja de la consciencia.

Todos somos seres humanos, desde una persona sin hogar, hasta un futbolista famoso. Somos humanos en un lugar desconcertante, con un fin inevitable y aterrador. Y por muy creyente que seas y muy bien que tengas montada la película; la muerte, si piensas de manera consciente, te da miedo.

Darle al coquito, ponerte a pensar en la vida, en tu vida, cuesta mucho, nadie quiere hacerlo. Pongamos un ejemplo de un vídeo que vi hace poco. Era una mujer anciana que cuando se maquillaba parecía una chica joven y atractiva. Claro, esta mujer sabe que de joven puedes conseguir muchas más cosas, tienes más oportunidades que cuando ya eres una anciana llena de arrugas. Pero ese maquillaje a veces cae, a veces deja de funcionar el internet, hoy no abren la iglesia, el casino o la discoteca, hoy tus amigos no quieren salir... Y te encuentras contigo mismo, con tu realidad, con tu mierda, tu tristeza, tus vacíos emocionales, tus debilidades que no quieres que el resto sepa... Para no pensar en ese final tan temido (la muerte) y toda nuestra mierda (nuestro presente), es mucho mejor maquillar, entretener nuestra "vida", llenarla de adicciones que no nos dejen pensar en profundidad la realidad. Por eso digo, que los creyentes son auténticos artistas. Ellos se conforman con ser la cáscara del melón por "una eternidad" y no prefieren disfrutar del resto del melón (de lo dulce), simplemente, durante unos cuantos años. Te pregunto, ¿cómo disfrutas más la vida, cómo crees que vives más, con la cáscara o con el relleno? ¿Crees que es vida ser una cáscara toda tu puta existencia y no detenerte a analizar tu interior, lo que eres, dónde estás, tu muerte, la realidad sin adulterar?

¿Por qué cuando uno piensa la gente lo mira mal? ¿Por qué el pensar está mal visto? Te trataré de responder con una pregunta. ¿Por qué a la gente le cuesta tanto reflexionar? Es así de simple, reflexionar te acerca a la realidad, te quita el maquillaje, las capas de cebolla... ¿Y qué pasa cuando uno se acerca a la realidad? ¡Qué se acojona vivo, que duele! Por eso casi nadie quiere reflexionar y miran mal a los que lo hacen.

Cuando uno reflexiona bien, se acojona, no dura ni un minuto y tiene que distraerse con algo o meterse en una nueva religión que lo distraiga aún más. Yo considero que eso no es vida. La vida son 2 putos días, uno ya lo he perdido y el día que me queda, lo quiero vivir al máximo, quiero pelar la cáscara y disfrutar de lo dulce del melón.

¿La vida puede llegar a ser dulce si se reflexiona en profundidad? Sí, pero no al principio. Cuando eres consciente de lo que hay, tu mente es como un remolino, te cortocircuitas, entras en caos y necesitas un proceso de desapego y aceptación. Una vez logrado, la vida tiene otro color, en mi opinión, es cuando naces de nuevo y las sensaciones son increíbles.

¿Todo el mundo está capacitado para filosofar, para reflexionar? La filosofía pone en duda todo aquello que sabemos y, por tanto, todo el mundo podría hacer algo así, pero no todos quieren porque ya sabemos lo que pasa cuando empiezas a reflexionar en profundidad. Muchos, lamentablemente, morirán siendo cáscaras.

¿Os parece bien lo que vuestros padres os han inculcado? Has de pensar que ellos también han sido inculcados y lo hacen de la mejor manera que saben, quieren lo mejor para nosotros… pero eso no quiere decir que debamos estar de acuerdo con lo que nos han tratado de imponer. Ahora que eres mayor, no dejes que nada ni nadie te imponga su manera de pensar. Es por eso que hago muchas preguntas, para que pienses. ¡Atrévete a pensar! Sócrates fue condenado a muerte, fue acusado de corromper a los jóvenes y de poner en duda la existencia de los Dioses. Él lo único que hizo, fue cuestionar las ideas que le querían inculcar, hace más de 2.000 años y, desde ese entonces, el poder no ha parado de decirnos lo que tenemos que hacer y pensar. Nos quieren sumisos y silenciosos. ¡Pues que se vayan a la mierda! No somos un rebaño de ovejas que debemos de obedecer siempre las reglas. ¡A la mierda cualquier forma de servilismo!

Friedrich Nietzsche, rechaza al que se limita a seguir a la mayoría, a quien no cuestiona nada y no tiene pensamientos críticos. ¿Cuántos de vosotros observáis el mundo y pensáis, es así y no hay nada que hacer? ¿Cuesta mucho cambiar las cosas? ¿Crees que una sola oveja podría cambiar el rumbo de todo el rebaño y el del pastor (el que gobierna)? No es fácil, pero podría. Hemos de pensar que, salvo la naturaleza, el resto de las cosas son inventadas por el ser humano, desde las vocales hasta un ordenador. Por tanto, si el ser humano las ha creado, también las puede cambiar. *Aunque nada cambie, si yo cambio, todo cambia.* ¿Cierto? Puede que a tu nueva forma de pensar, se unan otras ovejas; más tarde, todo el rebaño y, finalmente, el pastor tenga que ceder lo que el pueblo quiere.

No hay que tener miedo a la diferencia. Si no levantas tu voz, probablemente, te costará mucho ser feliz, ya que nunca te acercarás a la libertad. Date cuenta que he dicho "acercarás" y no "serás"... Porque, ¿quién puede ser realmente libre en este mundo tan incierto? Y, por tanto, ¿quién puede ser realmente feliz, salvo algunos instantes de entretenimiento y/o placer? Y no, no me he vuelto un autor pesimista, tan solo quiero acercarte a la realidad. Al principio, la realidad es agria como la hiel pero luego, dulce como la miel. ¡Hostia puta, que párrafo más bueno me ha salido!

¡Muy atento querido lector! ¿Qué pasaría si todos pensáramos como Nietzsche, si todos quisiéramos ser esa oveja que se rebele ante el pastor? ¿Qué pasaría si todos quisiéramos salirnos del camino para ser más libres? Probablemente, se formaría un nuevo grupo, una nueva masa, tal cual como ahora. Obviamente, no haría falta un Nietzsche, pero quizás, sí haría falta otra persona que rompiera la masa y les diera libertad. Entonces, ¿no sería posible un mundo lleno de personas "libres"? ¿No sería posible que todos tuviéramos suficiente economía y no hubiera pobreza? Nietzsche hablaba de la figura de un súper humano. Alguien que busca nuevas experiencias, que ama el riesgo, que es valiente... Pero como acabamos de hablar, ¿sería posible que todos fuéramos súper humanos? Posiblemente no, pero a ti te ha tocado este momento, tienes este libro en tus manos y, por tanto, deberías aprovecharlo. En un futuro, cuando toda la masa haya mejorado y se haya estabilizado, se volverá a romper, poco a poco, con otros locos y así es como el mundo "avanza" o "mejora". Y sí, lo pongo entre comillas porque, ¿quién te dice a ti que esto es mejorar? Quizás es complicarnos más la existencia... Me encanta como trato de darte la cucharada de miel y cuando está llegando a tu boca, te la quito, te la vuelvo a dar, te la vuelvo a quitar... Así es la filosofía, así es como uno puede abrir horizontes, expandir su mente y, posiblemente, crecer a nivel mental.

# CAPÍTULO DOS

# Miedo a ser libre

*"La libertad está en ser dueños de la propia vida".*

— Platón —

Según Albert Camus, no tenemos ninguna necesidad de creer que "Dios" existe. Cuando queremos darle un sentido a la vida y no lo encontramos, entonces aparece "Dios", una entidad trascendente que lo explica todo y así podemos dormir tranquilos por la noche. Cada uno es muy libre de creer en platillos voladores o en unicornios de color rosa, pero eso no garantiza su existencia.

*"Y tú José, ¿eres un ateo estricto?"* **¡No!**
*"¿Eres un fiel creyente?"* **¡No!**
*"Y entonces, ¿qué eres?"*

Yo soy un ser humano, al igual que tú. A mí me gusta pensar y estoy abierto al cambio. Si me quieres etiquetar de alguna manera, me puedes llamar agnóstico. ¿Y eso qué es? Pues tan sencillo como que yo, no voy a tomar la decisión de creer en algo que no tiene sentido ni hay evidencias. Si tú me pides que crea en los cerdos voladores, no lo haré, pero si estoy abierto a cuestionarlo. Un fiel creyente al leer esto, obviamente, se puede sentir atacado. Es normal, porque su vida es su religión, y esta persona siente como si le hubiera atacado a ella misma.

En este tema tengo mucha experiencia y hablo con mucha seguridad, con mucha postura y no me tiembla la voz ni los dedos al escribir. He vivido desde dentro la realidad de las iglesias. Si cuestionas y te apartas de ese camino, los fieles creyentes se excusarán diciéndote que nunca fuiste tocado, verdaderamente, por Dios, que no sabes lo que hablas...

> *"La religión es una auténtica obra de teatro hecha*
> *para personas con miedo a la libertad".*

> — José Montañez —

Al que no le guste pensar o le de miedo, se agarrará, fuertemente, a alguna creencia, y no tiene por qué ser religiosa, que inhibirá su realidad, el miedo a la libertad. Nos dicen que se deben respetar las creencias de todos, ¿verdad? ¿Hasta qué punto? ¿Dónde está el límite? Si un grupo religioso inculca unas normas, que hace que un joven no pueda ser él mismo, no pueda bailar ballet, no pueda besar a un chico y muchísimas más prohibiciones, que no hacen daño a nadie, salvo al orgullo de los responsables de esas sectas... ¿Qué hacemos, respetamos también esos grupos? Y si empiezan a suicidarse algunos jóvenes, como ocurre hoy en día, por esas mierdas de creencias, ¿los hemos de respetar? ¡Vergüenza de "humanos"! ¡A la cárcel debería ir toda esa gente! Todos los que infunden creencias, que denigran el ser natural de un humano, son asesinos. ¡Ellos si son demonios, estar con ellos sí es el infierno! ¡Corre, huye de ahí, no mires atrás, sea como sea, podrás empezar una nueva vida, te mereces **vivir**!

Los niños deberían crecer libres, pero eso no suele ocurrir en la actualidad. A un niño puedes hacerle creer lo que quieras, si no analiza un poco ciertos grupos terroristas. Lo curioso, es que alguien cuando toca fondo, cuando está desesperado, con depresión… ocurre algo muy similar. Esta gente, en esta situación, es como si fueran un náufrago a la deriva del mar y sin embarcación. O sea, que están en sus últimas, sienten que ya no pueden más y están desesperados por agarrarse a algo que les permita suspirar, descansar, dormir y "vivir". Cuando una persona está así, no solo es capaz de creer cualquier cosa, sino de inventar cualquier cosa que le haga más real su propia mentira, con tal de no volver, otra vez, a la deriva del mar. Por eso, muchos dicen que pueden hablar en lenguas, ya que el Espíritu Santo los ha tocado (y no saben ni inglés…), dicen haber visto milagros, que Dios les ha hablado, han visto la luz de un ángel, han tenido un sueño revelador… Todas estas cosas podrían tener explicaciones lógicas, pero mejor no pensamos en ellas… Mejor pensemos que son cosas divinas y no les demos explicaciones, así mi "fe" se hará más fuerte.

Me parece poco inteligente, poner tus deseos por delante de lo que tu mente sabe, que es que no existe. ¿Nunca te has parado a pensar si estás equivocado? Yo lo he hecho muchísimas veces y, de hecho, lo sigo haciendo y, entonces, es cuando me doy cuenta de que a ti, a mí y a todos nos gustaría que existiera un Dios, saberlo al 100 % sería algo fabuloso. No tendríamos miedo a morir… Pero ¿la vida tendría algún valor? La libertad no se halla cuando estás en un camino donde todo parece muy bonito, la libertad se halla cuando no dejas que nadie te contamine, cuando decides no entrar en el camino de nadie que te quiere arrastrar. Pero ¿eso es posible en esta vida? Al menos, hay gente que lo intenta, otros simplemente, se dejan arrastrar.

Søren Aabye Kierkegaard; fue un filósofo danés, considerado el padre del existencialismo. Según él, no tenemos ninguna garantía de que las decisiones que tomamos sean las correctas. Estamos solos y somos totalmente responsables de las decisiones que tomamos, y eso nos da miedo, nos genera una angustia, que incluso puede llevarnos a la desesperación. Pero ¿tomar decisiones por uno mismo no nos hace ser maduros? Sí, pero precisamente eso, es lo que genera el sentimiento de angustia que describe Kierkegaard. Imagina que estás en lo alto de un precipicio con tus pies justo al borde, puedes dar un paso atrás y no hacerte daño, pero también puedes dar un paso hacia adelante y todo se acaba. Por tanto, hay decisiones que te llevan hacia el bien y otras que te llevan hacia el mal. Esa libertad de decidir es lo que genera tanto miedo. ¡Miedo a la libertad! Hay momentos en la vida, que tendrás que asumir que tus decisiones son tuyas y de nadie más. Sabes que tus acciones traen consecuencias y eso, normalmente, nos genera inseguridad para tomar la decisión. Es según Kierkegaard, el vértigo de la libertad. No tomar tus propias decisiones y hacer lo que hace o dice la mayoría, es la opción fácil. Lo difícil es ser libre y asumir la carga de tus decisiones. Kierkegaard dice que es bueno que seamos conscientes de que tomamos decisiones, lo que pasa es que una vez que te acostumbras, crea adicción y ya no podemos vivir de otra manera. Es como cuando uno vive con sus padres y te lo hacen todo, te dan dinero... Una vez sales del nido, asusta. Pero cuando ha pasado una semana, ¿quién quiere volver? El vértigo de la libertad es como una droga.

Muchos humanos, aparte de trabajar y lamentarse, no hacen nada más. Del trabajo a casa, de casa al trabajo y por el camino se lamentan. Y si hoy tenemos un buen día, por el camino, llamamos a amigos, no por que seas muy buena persona, sino porque no sabes caminar solo, no sabes ir contigo mismo. Muchos humanos se aíslan, se encierran en su trabajo, en la iglesia, en lo que sea... ¿Por qué no te atreves a ser libre? ¿Por qué no te atreves a hacer algo diferente que te ponga contra las cuerdas, que ponga todo patas arriba...? Vales demasiado, te podrías comer el mundo, aún estás a tiempo, la vida es un puto juego y hay que jugar. Libérate de las etiquetas, ataduras, imposiciones, creencias... ¡Atrévete a ser libre, atrévete a desplegar tus enormes alas por una puta vez en tu vida, antes de que mueras! Quiero pasear por la calle, mirar al cielo y ver como vuelas alto, pero que muy alto.

# CAPÍTULO TRES

# La cruda realidad

*"Hay que inyectarse cada día de fantasía*
*para no morir de realidad".*

— Ray Bradbury —

**A**gárrate bien fuerte porque esta Parte del libro, no será un plato de buen gusto para muchos. ¿Cuál es la cruda realidad? ¡Te vas a morir! Pero ¿sabes lo que pasa? Que ya hemos escuchado esa frase muchísimo, nos entra por una oreja y nos sale por la otra sin detenernos a pensar en su significado. Aunque haya cosas preciosas en esta vida, todos tenemos un mismo final. La realidad es cruel. Podemos centrarnos en el presente, ver las mariposas volar, los pajarillos cantar y disfrutar muchísimo. Pero independientemente de eso, tú, yo y esas preciosas mariposas, vamos a desaparecer, todos tenemos un mismo final. Si lo pensamos así por encima, como el que no quiere la cosa, decimos: *"Vale, sé que moriré, pero no pasa nada, vámonos al* *bar y tomemos cervecillas, que estamos vivos"*. La mayoría de la gente que dice eso, no tiene ni puta idea de lo que es la palabra morir y la palabra vivir. Nunca se han parado a analizar, por ejemplo, durante una hora en esas dos palabras. Se mueven como robots, siguiendo la corriente social pero no tienen ni puta idea de lo que sueltan por su boca, de lo que es, realmente, reflexionar.

¿Sabes qué decía Epicuro? Que no tiene sentido que nos preocupemos por la muerte. Mientras existimos la muerte no está presente y cuando la muerte se presenta, ya no existimos. Lo que en realidad nos aterra no es el acto de morir, sino el acto de desaparecer, algo nuevo y desconcertante que nunca hemos vivido y que nunca nadie nos ha podido contar como es. Lo que verdaderamente nos acojona es dejar de existir por siempre. Es la probabilidad mayor, lo más lógico. Quizás tu no creas en Dios y las calles doradas del cielo, pero te piensas que serás un alma flotante que visitará a todos tus familiares, como algunas películas de dibujos animados (una forma divertida de inculcar creencias). ¡Ojalá sea así! Querido amigo, por mí, lo que sea con tal de no dejar de existir por toda la eternidad. Ojalá hubiera algo que impidiera desaparecer por siempre, sin ninguna posibilidad de volver a existir. ¡Ojalá hubiera algo! Pero aparte de nuestro miedo e imaginación, lo más probable es que no haya nada.
¿Crees que los microorganismos de un resfriado tuyo, se merecen un Dios bacteriano e ir al Cielo Bactery X? Pues lo mismo sucede contigo. Quizás tu problema, teniendo en cuenta lo que acabamos de decir, es que tienes más miedo a la vida que a la muerte. Te da miedo desaparecer y como lo quieres evitar, temes vivir.

¿Por qué existo? ¿Por qué estoy aquí? ¿Porque mi espermatozoide llegó antes? Teniendo en cuenta que yo no he elegido venir aquí, ¿la vida tiene algún sentido? ¿Qué hay después de la muerte? Sé que da palo, da pereza plantearse esas cosas, pero estos capítulos van a consistir en eso. Quiero llevarte a ese momento donde tu mente colapsa con el vacío existencial. Quiero que seas consciente de la muerte, porque la muerte es lo más real que tenemos y es, una vez aceptada, lo que ofrece más vida. Parece contradictorio, ¿verdad? Pues no lo es, la muerte da sentido a la vida.

Atento a esto porque es muy importante e interesante. Hicieron un estudio sobre la eficiencia de las personas en función al tiempo que disponían para hacer algo. El resultado fue simple y sorprendente: si fuéramos inmortales (tuviéramos tiempo infinito), nunca haríamos nada, porque siempre habría tiempo. ¿Cuál es el problema? Que la gente sabe que no somos inmortales, que un día moriremos pero no son conscientes de ello. Viven como si fueran inmortales, como si nunca fueran a desaparecer. Creo que lo entiendes; si una persona vive como si nunca fuera a morir, como un inmortal, es porque tiene todo el tiempo del cosmos y de lo que ni conocemos, tiempo infinito. ¿Qué pasa? Pues que en ese plan, en esa tesitura, nunca pondremos la suficiente ilusión, el suficiente esfuerzo, la suficiente pasión por vivir, nunca espabilaremos de una puta vez porque somos inconscientes de que la vida son 2 putos días. Alguien que no es consciente de la muerte y que no la acepta, es una persona que pierde la noción del tiempo, de la realidad, pierde mucho tiempo, no es eficiente, va como dormido por la vida. ¿Cuándo sería el momento oportuno para terminar aquello que empecé o aquello que me hacía ilusión? Pues de aquí a 3.000 millones de años, por ejemplo. Y quizás es poco tiempo, ya que tengo tiempo infinito... Pensando así nunca podrás ser eficiente, no podrás lograr lo que sí eres capaz de soñar. Al no tener presente de que, verdaderamente, un día vas a fallecer, es por eso que centras tu mente en chorradas, en gilipolleces, en los chismes de los demás, en cosas poco productivas o en cosas que tan solo te distraen pero, en el fondo, no te apasionan.

Cuando estamos en la rutina, las cosas cotidianas de la vida, con nuestra mente súper ocupada y distraída, no somos conscientes que nos vamos a morir, en absoluto pensamos en ello. ¿Pero qué pasa cuando dejamos de hacer cosas, le damos al coquito y nos ponemos a pensar en muchas cosas? Esto ocurre, por ejemplo, cuando nos vamos a dormir... ¿Nunca te ha dado miedo quedarte dormido? ¿Nunca has tenido esa sensación de que podrías morir esa noche y piensas que ocurriría con tu familia y tus cosas? ¿Nunca has vivido ese vacío existencial? Pues precisamente eso es lo que quiero que trabajemos en estos capítulos. ¿Por qué? Porque la muerte es vida, la muerte ofrece **libertad** y mucha **vida**. La vida son 2 putos días, y es hora de empezar a vivir. El filósofo alemán Heidegger, decía que los humanos somos seres para la muerte. Entiendo que la muerte sea un tema que incomoda, que no apetece hablarlo, pero sabemos que estamos condenados a ello, a morir. Según Heidegger, vivimos en la modalidad del "todavía no", me falta tanto para morir que mejor no tomarse la molestia para pensar en ello y esa es la paradoja (algo que parece contrario a la lógica), sé que me voy a acabar pero eso no me impide hacer planes de futuro.

Es curioso que mucha gente cuando ha perdido un familiar suele decir: *"Ya se ha marchado"* o *"ya ha partido"*. Nos han enseñado a sufrir la muerte, a ocultarla, a hablar con eufemismos (palabras suaves que no ofendan o asusten). Date cuenta de que hay culturas que celebran la muerte, aunque eso tenga que ver por costumbres religiosas... Los vikingos creían que cuando morían en la batalla, iban a un paraíso, el Valhalla, un palacio con un gran salón donde los recibían con honores. Cabe esperar que si creían eso, tenían menos miedo a morir y, por tanto, podían luchar muchísimo mejor, lo cual era de interés para los dirigentes.

Seguro que muchas veces te has mirado en el espejo y has pensado: *"¿Quién es este?"* A veces es como que te miras y no reconoces lo que ves, como si fuera extraño lo que estás viendo, como si no fueras tú... Sabemos, a pesar de no ser conscientes de ello, que todo esto un día se acabará, un día todo se irá a la mierda. Nadie vive su propia muerte, pero sí vivimos la muerte de los demás y es por ello, que sabemos que un día seremos nosotros los afortunados, un día, quieras o no quieras, estarás en ese puto lugar y todo, absolutamente todo, dejará de existir para ti. ¿Triste o real? ¿Profundizamos más o pasamos a otro tema más bonito?

# CAPÍTULO CUATRO

# Conscientes de lo imposible

*"La muerte es lo último que haces en tu vida,
¿no deberías hacerlo con gracia?".*

— Jaggi Vasudev —

I magina que hay alguien en la cama de un hospital con un cáncer de pulmón muy avanzado y producido por la mierda del tabaco. Este enfermo ha recibido varias sesiones de quimioterapia pero tiene mucha sensación de malestar, por eso decide volver al hospital. Una vez allí, le realizan un nuevo tac o resonancia, una prueba para ver, internamente, como sigue su estado.

Los doctores hacen pasar, únicamente a los familiares, para darles el resultado. Les dicen que ya no hay esperanzas, el cáncer se ha esparcido a más zonas del cuerpo y los médicos ya no pueden hacer nada, solo cabe esperar. Les informan a los familiares que en cuestión de unos días, su capacidad respiratoria habrá disminuido hasta el punto de que sea agobiante y les recomiendan, que en ese momento pasen a la sedación, para así en 1 o 2 días, el enfermo pueda fallecer sin tanto sufrimiento.

Ahora llega el momento, donde entran los padres a la habitación de su hijo enfermo, con tan solo 25 años y tienen que tomar una decisión. Es muy simple: mentir o decir la verdad. Tú que crees que es más ético o qué crees que deberían hacer los padres, ¿decirle al muchacho que todo va igual o mejor, y tiene que esperar unos días para la próxima quimioterapia, o decirle que ya no hay nada que hacer y en 5 días máximo morirá? Antes de responder, si te parece una historia fuerte, esto es el pan de cada día en todos los hospitales del mundo.

Está claro que decirle a alguien que ya no hay esperanza alguna y que morirá en cuestión de horas, cuando aún es una persona que puede razonar perfectamente, tiene que ser muy difícil y más si es tu hijo. Por una parte, soltarle la mentira no será fácil, ya que las caras de los padres delatarán su falsa jugada. Pero si se lo creyera, obviamente, evitarás que se altere más, que entre en vacío existencial, que se derrumbe... pero también te perderás que te diga todo lo que nunca se atrevió a decirte, porque sabe que el fin ya está aquí.

Entonces, tú si fueras el padre o la madre, ¿dirías la verdad o mentirías? Y ahora la pregunta es aún más interesante, si fueras tú el enfermo, ¿te gustaría saberlo? Por una parte, tenemos tendencia a decir que sí, a mí no me digas tonterías, tú dime la verdad y ya está, lo quiero saber todo. Pero ¿eres consciente de lo que pasaría en tu mente ante esa afirmación? Entrarías en shock mental. A partir de ese momento, tu mente sería un caos existencial.

¿Crees que podrías ser consciente de la muerte? Podrías acercarte un poquito más, pero nuestra razón, nuestra consciencia, se escapa ante la magnitud de lo infinito. ¿Qué quiere decir esto? Pues que el hecho de morir y dejar de existir para siempre es algo que no cabe en un pensamiento y, por tanto, podemos prepararnos para el acto de morir, pero es algo sumamente difícil, por no decir totalmente imposible, ser consciente de lo que pasa después de la muerte.

Hay un ejemplo, que considero que es de los que más se acercan a la consciencia antes de morir. Se trata de aquellas personas condenadas a muerte mediante, por ejemplo, una inyección letal. Son personas que no están empotradas en la cama de un hospital, hasta arriba de calmantes. Por tanto, son personas muy conscientes de que en cuestión de minutos lo van a matar. Son personas, que saben muy bien que ya no hay vuelta atrás y que dejarán de existir por siempre. Lo que deben de sentir estas personas, es algo casi indescriptible.

Ahora bien, como nuestra mente humana no es capaz de abarcar el infinito, por muy preparados que estemos y muy aceptada que tengamos la muerte, la desesperación en tal momento es máxima. Un condenado a muerte, es sumamente consciente que lo van a matar en muy poco tiempo, pero al pensar en la nada, es cuando su mente se da cuenta que no está preparada, nunca lo podría estar. La resignación no puede abarcar con toda la eternidad y, es por eso, que por muy aceptada que tuviera la muerte, llegado el momento, el shock es inevitable, la agonía aparece y solo queda el instinto de supervivencia por permanecer aquí, queremos permanecer en lo que conocemos, en nuestra única realidad.

Recuerdo muchas noches que temía quedarme dormido. No siempre me pasaba, pero claro… en la oscuridad, en una casa viviendo, únicamente, con mi perra y fuera de la rutina; los pensamientos profundos y las preguntas existenciales acechaban al máximo. Cuando sacas a tu mente de los quehaceres y de toda distracción o entretenimiento, ponerte a pensar, a meditar o analizar tu vida, es mucho más fácil. Recuerdo cómo me aterraba, en ese silencio y en esa oscuridad, pensar que, a lo mejor, ya no iba a despertar más, sería la última vez que me quedaría dormido. No es que sea aficionado a la muerte, pero es algo que nos podría ocurrir a todos. A cualquiera de nosotros, se nos podría parar el corazón ahora mismo y en cuestión de minutos, llegaría la muerte final, la muerte cerebral, sin posibilidad de reanimación ni vuelta atrás.

¿Qué pasa? Que ser consciente de la muerte a tal nivel, no es posible cuando estás en el metro, trabajando o haciendo algo del día a día. Cuando estás en esa rutina mental, piensas y sientes que tu vida es lo más importante, eres real, la vida existe, las personas y la vida son el centro del Universo y no hay posibilidad que pudiera pasar nada malo ahora. En estos momentos, vivimos totalmente alejados, de forma mental, de la muerte. Es como si fuéramos inmortales, pero la cosa cambia cuando te quedas solo en la oscuridad.

En esos momentos donde me acercaba, ligeramente, a la realidad de que pronto estaré en la nada, me costaba dormir, tenía miedo y pensaba, por ejemplo, ¿qué sucederá con mi perra? Claro, vivía solo y me inquietaba cómo mi perra podría alimentarse si fallezco. Si no contestara las llamadas porque soy un fiambre, quizás tardarían una semana en decidir acercarse a casa, a ver si estoy o me he ido de vacaciones. ¿Cómo podría, mi perra, aguantar el hambre tanto tiempo? ¿Me daría besitos a pesar de estar muerto y tener la carne fría? Seguro que a ti te ha pasado algo similar, a la hora de irte a dormir o cuando te desocupas de tus tareas y te pones a pensar, estando en tu soledad.

El hecho de morir o no, se escapa a nuestro control, no es algo que podamos decidir y esté en nuestra mano. Entonces, ¿por qué nos preocupamos? Es sencillo, no tiene solución, pues deja de preocuparte por ello. Pero claro, pensar que vas a desaparecer, que vas a ser parte de la nada, aunque no haya alternativa, se transforma en algo difícil para la mente, en algo sumamente difícil. También has de pensar, que toda la mierda que sientes ahora acerca de cuándo la palmes, una vez muerto; ya no sentirás nada. No sé si esto ayuda o empeora, pero así será. La mayoría de nuestras angustias son putas cosas que ahora no existen y que, probablemente, luego no existirán. Por tanto, ¿por qué coño te preocupas tanto? Ya sé que es fácil decirlo...

¡Atrévete! Sé valiente y medita en ello. Esta noche cuando te vayas a dormir dale vueltas a esto, ten valor. Hay que tener en cuenta que, alguien que medita y trata de ser consciente de la muerte, será mucho más fuerte para afrontar una enfermedad, otra cosa es cuando ya sabes que te quedan minutos de vida.

Puede ser muy aterrador meditar en que formarás parte de la nada y, por mucho que practiques, jamás llegarás a un nivel de aceptación donde puedas hacer desaparecer toda la resignación a esos momentos previos a la muerte. Lo bueno, es que sí podrás estar un poquito más preparado que las personas que pasan de todo, porque habrás practicado muchísimo el desapego, lo cual produce enormes ventajas en el presente.

Algo curioso es que muchas personas quieren despedirse bien de sus familiares, decirles que los aman, aunque nunca se lo hayan dicho, pedirles perdón por cosas pasadas... Eso en el caso de que se encuentren en la cama de un hospital sabiendo que le quedan días. El "problema" viene cuando hay, por ejemplo, un accidente de coche y tu familiar muere en el acto. No te ha dado tiempo a pedir perdón, a decirle que lo amas... La pregunta es, ¿hubiera cambiado algo, en el caso de que te hubieras podido despedir de tu familiar, antes de su muerte? Depende como se mire. Si me lo planteas en función al muerto, a la persona fallecida, no hubiera cambiado nada, por la sencilla razón de que ya no existe conciencia. Ahora mismo da igual si le hubieras pedido perdón, si le hubieras insultado, da igual... Esa conciencia ya no existe, ya no puede razonar, sentir, vivir... pero tu sí y ahí está el verdadero motivo, lo que sí produce una diferencia. Que tú le pidas perdón a tu familiar o le digas que lo amas justo antes de morir, únicamente sirve para ti, hasta que la palmes tú también.

¿Puede haber algo peor que desaparecer por siempre? ¿Tú preferirías una tortura extrema durante un año o fallecer ahora mismo en el acto? Obviamente nadie quiere sufrir, de hecho, hay leyes en los mataderos para que los animales no sufran tanto (aunque muchas veces no se cumplan), en los hospitales dan calmantes, sedantes... Sabemos que las personas, cuando son sometidas a tortura, son capaces de cantar ópera o hacer malabares. Quiero decir, que una tortura, según sabemos, es algo extremadamente insoportable. Aun así, estoy seguro de que si te cagas al pensar en la muerte, escogerías el año de tortura antes que morir hoy mismo. ¿A qué sí? Pues yo también. ¡Qué cojones, nadie quiere morir, ni los más creyentes! Eso sí, me imagino que a los dos días de tortura, estaríamos arrepentidos y desearíamos estar más que muertos.

Si escogieras la tortura, no cabría la posibilidad de morir antes de que pase un año, nos curarían las heridas para someternos, nuevamente, a un dolor extremo y agonizante. Entiendo que si decido morir en el acto, evito un año de dolor extremo pero ¿hay algo peor que desaparecer por siempre, formar parte de la nada?

Imagina que después de los 365 días de puto sufrimiento, donde no puedes sonreír ni un solo puto segundo de tanto dolor, te liberan, pero con tan solo una esperanza de vida de 1 día. Una vez acabada la tortura, podrías disfrutar de un día espléndido y morirías. ¿Estarías dispuesto a sentir un dolor sobre humano durante 365 días para luego, tener un solo día espléndido? Si dices que sí, definitivamente te aterra la muerte y lo entiendo. En realidad, si dices que sí, vivirías un total de 366 días y no morirías hoy mismo, ¿pero ante qué precio?

Finalmente, ¿cuál sería tu decisión? ¿Morir en el acto o que te torturen durante 1 año para luego ser libre? Y por otra parte, ¿morir en el acto o que te torturen durante 1 año para luego tener solo un día de mucho bienestar?

CAPÍTULO CINCO

# ¿Preparado para el fin?

*"¿Cuánta verdad es capaz de soportar el ser humano?".*

— Friedrich Nietzsche —

No! ¿Quién coño está preparado para no poder despertar jamás? ¿Quién coño es libre? ¿Quién coño es feliz? Tomamos muy a la ligera el significado de las palabras o, más bien, le damos el significado que queremos conforme a nuestra conveniencia.

Como se ha explicado en el capítulo anterior, no es posible aceptar la muerte en toda su magnitud, ya que es un hecho infinito y se escapa a nuestro control, a nuestra resignación. Aun así, sí podemos practicar ejercicios que nos acercan a esa sensación, a la acción previa a la muerte, en caso de tenerla. Hay personas que mueren de forma súbita y no tienen tiempo ni a pensar. Practicar estos ejercicios producen vida, nos ofrecen ventajas enormes a nuestro presente.

Sabemos que una persona puede practicar la acción previa a la muerte pero nunca podrá estar realmente preparado para morir. Me explico, ¿cómo una persona puede practicar la nada? No es posible, pero sí podemos practicar el hecho de acercarnos a la nada. Esto no quiere decir que tratemos de suicidarnos ni mucho menos, lo que quiere decir, es que practiquemos la inseguridad o descontrol previo a la muerte, con tal de mejorar la aceptación para aumentar nuestra consciencia y, por ende, mejorar nuestro presente.

Vamos a explicarlo de forma más práctica e interesante para que nos quede muy claro. ¡Muy atento! Si tú estás en el sofá de tu casa, con tu rutina de siempre, tus quehaceres, entretenimientos... no deberías de sentirte amenazado, tu vida no corre peligro, tu instinto de supervivencia no se activa, estás relajado, la vida es bonita y de color de rosas. Ahora bien, ¿qué pasa cuando te llevan de tu zona de confort a una zona extraña y de posible peligro? Por ejemplo: que te montes en la moto superdeportiva de un amigo, que el coche se te rompa de madrugada en una carretera oscura y por donde no pasa nadie, que te hayas hecho un corte en el dedo y salga mucha sangre, que vayas a un parque de atracciones extremas... ¿Qué ocurre en tales casos? Pues que te cagas de miedo, te activas de forma natural para que estés alerta y salgas por patas (empieces a correr), en caso necesario. O sea ser, temes a la muerte. Porque si tu supieras que eres inmortal e infinito, ¿le tendrías miedo a algo? Te atreverías a hacer cualquier cosa, ¿verdad? Es curioso porque, a pesar de no estar pensando en la muerte de manera consciente, cuando hacemos cosas de mayor peligro, lo que en verdad nos asusta, es morir. Por eso, en cierto modo, ir a un parque de atracciones extremas, nos permite sentir algo parecido a la acción previa a la muerte.

Cuando, por ejemplo, te subes a una gran montaña rusa, puede que pienses en la muerte, pero no crees que vas a morir, sino no harías dicha acción. Sabes que conlleva un mayor riesgo que estar en tu sofá viendo una serie, pero tú crees que te vas a salvar y por eso, algunos, se atreven a hacerlo. Pero, en el fondo, te cagas. Tu miedo radica en la muerte, aunque no sea de manera consciente.

¿Por qué hay personas que son incapaces de subirse a una montaña rusa, tirarse de un tobogán enorme, hacer puenting, paracaidismo…? ¿Qué les ocurre, mentalmente, a estas personas? Simplemente, son incapaces de soltar. No pueden practicar, por un momento, el desapego de todo su pasado y todo su futuro. Son incapaces de vivir en el presente.

Si vives lleno de etiquetas y aferrado a todo lo que eres o todo lo que vas a ser, es obvio, que temes perder todo eso, todo lo que tienes, todo lo que eres… Si tu vida son tus recuerdos y tus sueños, cualquier mínimo peligro que atente directamente contra tu vida, la cual no quieres perder, te producirá miedo. Obviamente nadie quiere perder su vida y todos tenemos miedo, pero si logras poner tu mente, aunque no sea en su totalidad, en el presente, todo será más fácil. Estando en el presente, tu vida ya no son tantas mierdas e ilusiones, ya no tienes aferrado a tu cuerpo tantos kilos de cosas, tanto peso, tanto lastre… Ahora tu vida es este puto segundo, este mismo instante, el presente, lo real… Así es como alguien puede ser más íntegro, verdadero, natural… Es obvio, que una persona que ha acercado su mente al presente es alguien muy ligero, puede correr, volar y lanzarse a vivir. Una persona así, disfruta mucho más el instante y es valiente para hacer cosas increíbles de la vida, porque se la suda mucho más el resto de cosas que no tienen que ver con el ahora, porque es una persona con muchas menos ataduras, sin cargas que le impidan moverse y tomar acción.

Estos últimos párrafos que acabamos de leer, son muy importantes. Es un texto que te acerca a la palabra libertad, felicidad y vida. Date cuenta de que, las palabras, están escritas sin comillas ("").

Te pregunto, ¿serías capaz de montarte en una montaña rusa, sabiendo que su final es una pared llena de espadas? ¡Vaya tontería pregunto! Claro que no. Nadie, en buenas condiciones mentales, se subiría a una montaña rusa, sabiendo que el miedo a morir es un hecho real, con una probabilidad de supervivencia del 0.001%.

Entonces, ¿dónde está tu porcentaje, tu límite para atreverte a hacer las cosas? Has de pensar que siempre estás expuesto a la muerte solo que los porcentajes van cambiando. ¿En qué nivel de miedo quieres vivir o, mejor dicho, qué experiencias te quieres perder?

- Estar en casa y tener un infarto. Entre un 0.1 y 15% de posibilidades (dependiendo de la edad).
- Tener un accidente en una montaña rusa. 1 entre 86 millones.
- Sufrir accidente grave de avión. 1 entre 2.4 millones.
- Estar en la calle y que te caiga un rayo. 1 entre 500 mil.
- Morir bailando en una discoteca o haciendo paracaidismo. 1 entre 100 mil.
- Sufrir un accidente de coche. 1 entre 7 mil.

Nunca estarás a salvo de la muerte. Por tanto, en la medida de lo posible, o la conviertes en tu amiga o dejas que siga siendo tu enemiga y te joda tu presente, tu vida.

¿Los fieles creyentes tienen ventaja a la hora de la muerte? Claro que sí. Las personas que tienen arraigada la creencia de que irán a un paraíso cuando mueran, no piensan que formarán parte de la nada. Ellos, al igual que todos, tenemos dudas de toda creencia, pero está claro que si crees que vas a aparecer en un bonito cielo con tu Creador, pues es un alivio. ¿Ellos también se cagan de miedo? Claro, porque es algo nuevo, es desconocido y, a parte, también dudan. Por una parte, admiro la capacidad para evitar el sufrimiento, por otra parte, repudio la incapacidad para afrontar la realidad. Si solo existiera el momento de la muerte, quizás, los fieles creyentes serían los más listos. Pero, teniendo en cuenta todos los años de existencia aquí en la Tierra, ¿quién ha vivido más? ¿Quién ha disfrutado más de la vida? ¿Quién ha sido más ser humano? ¡Cada uno es libre de vivir en una película o rodar su propia película!

Ahora bien, ¿quién vive en este mundo sin recuerdos ni ilusiones? ¿Quién vive disfrutando cada segundo? ¿Qué creyente tiene tanta fe que aborrece el mundo y no miente dentro de su película mental? Muchos dirán: *"Ese soy yo, yo aborrezco el mundo y amo a mi Dios"*. Claro que sí bonito, pero bien que pecas con placeres de este mundo y luego lo ocultas o lo tergiversas para aparentar una buena imagen. Está claro que todos estamos enamorados de este mundo, de lo que siempre está a nuestro lado, de lo único que tenemos. Pero tú, mi querido amigo, no eres del mundo ni tu mente es de este cuerpo. ¿Y ahora esperas que te diga que eres del cielo donde están los angelitos? ¡Pues no! Eres un puto virus mugriento, que va a estar aquí 2 putos días de pura casualidad. Por eso... ¡Aprovechémoslos al máximo, coño!

Quien sabe vivir en el presente (lo cual no es un estilo de vida fácil de adquirir) o tiene creencias, fuertemente, inculcadas de que irá a un paraíso, son tipos de personas que afrontarían mejor la noticia de que tienen un cáncer muy avanzado. Eso sí, llegado el momento previo, todos, por nuestra falta de fe absoluta o nuestra falta de presencia absoluta, nos sentiríamos como una presa en medio de un campo de leones hambrientos. Repito, la resignación no podría ante tal aceptación.

Quiero hablarte de un tema que ya le habíamos dado una pincelada, pero es necesario que quede muy claro. ¡Es muy curioso, muy atento, por favor! Si pudiéramos centrar nuestra mente en el presente de forma absoluta, viviendo únicamente este mismo instante, a pesar de que se nos escape (ya que el tiempo vuela), seríamos capaces de no tener miedo a la muerte, porque no podríamos pensar en lo que viene después. No podríamos pensar en la nada, ya que estaríamos pensando, únicamente, en el todo de ahora (en el instante presente).

Es por eso, que cuando te lanzas por un gran tobogán, una montaña rusa, paracaidismo, algo que te dé miedo, algo que produzca mucha diversión y adrenalina... por huevos tienes que soltar y eso te permite saltar, atreverte a hacer aquello que te aterra, puedes practicar el desapego, tienes mucha más consciencia de tu presente, de la vida, de lo que haces, de lo que eres, vives de forma más natural en ese momento. Alguien que se familiariza con dichas acciones, es una persona que tiene mucha más capacidad para aceptar que un día morirá.

Cuando sabes que la muerte es inevitable y, que tarde o temprano, vas a acabar en una puta tumba y vas a desaparecer por siempre, es cuando le vas perdiendo miedo a la vida, es cuando te vas atreviendo a hacer cosas que antes te aterraban... Porque si tarde o temprano, me voy a morir... ¿Por qué no vivir experiencias que me hagan vibrar de emoción aunque conlleven un poco más de riesgo controlado? ¿Por qué tener miedo a algo que, inevitablemente, va a suceder? ¿No merece la pena aumentar ese riesgo controlado y vivir experiencias increíbles, nuevas y alucinantes como ser humano que soy, que me puedan producir mucho más bienestar?

Para ir terminando este capítulo, te pregunto; ¿Qué crees que pasaría si supiéramos el día de nuestra muerte? ¿Crees que nuestra vida, a nivel general, sería mejor? Imagina que todos naciéramos sabiendo cuando vamos a morir, la vida sería muy diferente así, podrían preparar nuestra lápida desde el día que venimos al mundo. ¿Qué diferencias mentales tendríamos? ¿Crees que aprovecharíamos más el tiempo?

Por ejemplo, a una persona le dicen que a los 26.280 días (72 años), fallecerá y a la otra le dicen que a los 9.855 días (27 años), también fallecerá. Por regla general, ¿qué tipo de persona crees que aprovecharía más el tiempo? Piénsalo contigo mismo, aplícate el ejemplo. Si supieras que vas a morir de joven, en poco años, ¿no te gustaría vivir todas las experiencias posibles? ¿No crees que perderías menos tiempo? ¿No crees que le darías más valor e importancia al tiempo?

¿Cuál es el puto problema? Que la gente vive como si esa fecha que le hubieran dado al nacer, fuera de 999 billones de años o, directamente, infinito. Entonces, como ya sabemos, si vivimos como si fuéramos inmortales, vivimos como si siempre tuviéramos tiempo y, entonces, ¿para qué moverme ahora?

Pues mi querido y fiel amigo mortal, te tengo una noticia que dar: el médico si te dio una fecha de muerte cuando naciste. El ejemplo anterior, también es real para ti. La vida es un juego y hay que jugar, pero un juego muy real y también vas a morir. Aquí no podrás regresar porque ya no existirás, no podrás volver a jugar. Esa fecha se llama esperanza de vida y te la dieron al nacer. De forma global, hombres y mujeres, esa fecha es de 72 años. Algunos viven muchísimo menos, otros viven mucho más, pero ahí tienes un dato totalmente real y tú estás incluido. Tú tienes una fecha límite, un día y una hora exacta a la que se producirá tu muerte encefálica y dejarás de existir. No sabemos cuándo será, pero sí tienes un número máximo aproximado. ¿Por qué sigues viviendo como si nunca fueras a morir? ¿A qué coño esperas? **La vida son 2 putos días** mi amigo eterno. Enormemente emocionado te digo; **Espabila de una puta vez**, ya es hora.

# CUARTA PARTE

# LA VIDA SON

# 2 PUTOS DÍAS

# Sé realista contigo mismo

Llegó la Parte 4 del libro. Estoy nervioso pero lo vamos a lograr. ¿Por qué nervioso? Porque soy un ser humano y no una máquina, no soy perfecto. Aunque, ¿qué es la perfección? Para alguien, una cena romántica puede ser perfecta y para otra persona, puede haber sentido que han faltado detalles.

A mí me gusta aprender y superarme de forma constante, es mi estilo de vida y siempre aprendo cosas nuevas pero eso jamás me llevará a la perfección, ya que siempre se puede mejorar. ¿Debería conformarme? Podría, quizás, no estaría mal detener mi aprendizaje y con lo que sé, conformarme a vivir así. ¿Pero no crees que me perdería tantas experiencias valiosas? Claro está, que no puedes entrar en un vicio de querer más y olvidarte de lo que tienes, del ahora. Creo que lo ideal es no detenerte nunca, porque somos seres humanos de acción, pero también hemos de observar y disfrutar cada piedra de nuestro caminar. Si decides correr a mucha velocidad y dejas de observar cada piedra, puede que logres cosas "muy grandes", pero también puede que te metas una buena hostia o que te haya pasado la vida y no la hayas disfrutado tanto. Y tú, ¿te visualizas como alguien que se sienta y se conforma con las cuatro piedras de su alrededor? Quizás, ¿te visualizas con el que camina disfrutando cada piedra? O, ¿te visualizas con el que corre para lograr "algo grande" pero no disfruta de ninguna piedra? Más adelante, daremos otra pincelada a este tema tan importante.

Algo que requiere mucha consideración, es que no me he de culpar, para así no paralizar las acciones a mis sueños, pero tampoco me he de agarrar a la excusa de que como no soy perfecto, pues mejor no hago nada. Se trata de tener un equilibrio y aunque tengas miedo, lo vamos a hacer con miedo. ¿Qué vamos a hacer? Superarnos, poner a prueba nuestros límites, nuestras fobias, nuestros miedos... Vamos a experimentar sensaciones que nunca habíamos probado, vamos a sentir la adrenalina en nuestro cuerpo, vamos a gritar, a darlo todo...

Quiero que seamos conscientes de la muerte y que vivamos en el presente. Quiero que llegues a tal nivel de bienestar, que solo quieras sonreír y no parar de disfrutar. Con todo lo que llevamos de libro, si de verdad has profundizado en cada palabra, deberías de ser capaz de realizar el reto que te voy a proponer. También deberías saber el porqué de hacer un reto de tal nivel.

¿Preparado? 3, 2, 1... ¡PARACAIDISMO! Sí, mi querido amigo. Subir con un avión hacia los cielos y saltar con toda tu vida hacia la Tierra.

¿Alguna vez te has tirado en paracaídas? En caso afirmativo, busca tu nivel. Tú te conoces muy bien, piensa en algo que sabes que te produce incomodidad, que te cuesta superar. Por ejemplo: subir a una montaña rusa, hacer puenting, ponerte una tarántula en la mano con profesionales, escalada, submarinismo, subirte a un coche de carreras en circuito, apicultura, surf, parapente, practicar el vértigo en plataformas de cristal a mucha altura, situaciones sociales como hablar con un desconocido o realizar una ponencia... ¡Cada uno sabe su nivel!

Quizás, tirarte en paracaídas, sea mucho para ti, pero para mí también lo es. Es fácil escoger otra cosa más sencilla de la lista, conformarnos y decirnos que con eso basta. Pues muy bien, tú decides hasta donde quieres llegar con tu vida, yo lo tengo muy claro, quiero volar, quiero surcar los cielos y me voy a tirar en paracaídas. ¿Me vas a acompañar? En caso negativo, si nunca te has tirado en paracaídas... ha llegado nuestro momento, deberías hacerlo. La lista anterior, la he puesto solo para personas que ya lo hayan hecho y necesiten ver otros ejemplos.

No aceptar la muerte, es no querer tirarse de un tobogán inmenso, hacer paracaidismo o puenting, entre otras cosas. Sabes, por la gente que lo ha hecho, que es una experiencia increíble, adrenalina, sueltas todo, un momento eufórico con muchas sensaciones, te sientes libre como un pájaro y sientes un bienestar imposible de olvidar por el resto de tus días. ¡Wow! Son cosas muy buenas. Entonces, ¿qué te impide hacerlo? Pues el puto miedo a morir. Ahora es cuando algunos dirán, el dinero.

El dinero y el tiempo es muy relativo, mi querido amigo. ¿No tienes tiempo? Cambia tu planning y tu estilo de vida. ¿No tienes dinero? Trabaja o cambia de trabajo. ¿No puedes encontrar trabajo? ¿Seguimos poniendo excusas desde nuestro sofá o salimos al mundo a buscar soluciones? También, si tienes ingresos, por pocos que sean, puedes hacer una hucha y plantearte ahorrar tal cantidad de dinero en 3 meses o un año. Mira a ver si te puedes sacrificar un poco en ciertas cosas y así podrás vivir esta experiencia tan increíble para el ser humano.

Will Smith, contó su experiencia la primera vez que saltó de un avión con un paracaídas. Él dijo que, días y momentos previos a lanzarse, estaba muy asustado, aterrorizado, con una sensación de malestar no digna para el ser humano, no podía pensar en otra cosa y le dolía mucho la barriga de los nervios. Pero date cuenta de esto, que es muy interesante; Él estaba preocupado por algo que aún no había ocurrido y una vez ocurrió, lo describió como uno de los momentos más increíbles de su vida, una sensación de bienestar, difícil de explicar con palabras. Una vez se lanzó, se olvidó de todo el sufrimiento anterior y se dio cuenta, que fue una pérdida de tiempo sufrir por algo tan innecesario.
Por eso merece la pena hacerlo, la vida son 2 putos días, hoy es un día y merece la pena que **vivas**.

Según expertos, lo que da más miedo es la sensación de vacío que sientes, desde cuando te lanzas de forma plana y vas acelerando hasta alcanzar la velocidad estable de unos 200 km/h. En caso de lanzarte de cabeza, tratando de evitar al máximo el rozamiento contra el aire, podrías llegar a alcanzar más del doble de la velocidad anterior. Bien, ese momento de aceleración, ¿por qué da tanto miedo? Sencillamente, porque no tienes control, no estás estable, sientes que estás acelerando a toda mecha sin tu consentimiento y eso, te produce inseguridad y, por tanto,

202 La vida son 2 putos días

202    La vida son 2 putos días

miedo. Lo bueno o malo, es que esa sensación de caída, son unos 4 segundos y luego, ya estarás cayendo a velocidad constante, donde podrás empezar a sonreír y disfrutar de un momento mágico. El salto tándem o paracaidismo, suele realizarse a una altura entre 2.700 y 5.000 metros. De caída sin paracaídas, tan solo, son entre 20 a 25 segundos y finalmente entre 7 a 15 min para poder aterrizar con el paracaídas. Dicho esto, ¿te animas a hacerlo?

Si estás sintiendo como una especie de dolor de barriga o presión en las piernas, eso es bueno. Tienes buena capacidad de imaginación para ponerte en tal situación. Es imposible realizar esta actividad u otra que te resulte incómoda y arriesgada, sin practicar el desapego. Si no sueltas, no te podrás lanzar y, probablemente, te dejarás muchos grados de bienestar y **vida** por alcanzar en tu caminar.

¿Quieres decir que no voy a **vivir** tanto como alguien que sí se atreve a lanzarse en paracaídas? Sí, exactamente, eso quería decir. Y si te duele, te jodes. No pagues conmigo tu cobardía, tu falta de valentía, tu poca curiosidad por una nueva sensación, tus pocas ganas de alcanzar un mayor nivel de bienestar, tu culito lleno de caca por el miedo que tienes... Si no te atreves, es tu problema. Creo que has leído suficiente para tomar tu propia decisión. Lo que tú decidas estará bien, mientras no hagas daño a los demás. Esto es una típica frase, ¿verdad? ¿Y qué pasa si hiciera daño a los demás? Bueno, pues que sencillamente, somos una especie que queremos sobrevivir y nos protegemos entre nosotros. Esto que acabas de leer, es interesante y me da para hacer un nuevo apartado. Lo pondré a continuación, tras acabar esta parte. Tú serás el juez, tendrás que cuestionar y tomar una decisión.

Volviendo al tema del paracaidismo. Tu decisión, a pesar de no convertirte en mejor o peor persona que yo, si trae resultados diferentes para las palabras **libertad, felicidad** y **vida**. Cada uno es libre de decidir lo que quiera. Tú sabes cómo, ahora mismo, está maquinando tu conciencia, qué estás sintiendo, qué crees que deberías hacer… Repito, por tu puto miedo, no lo pagues con mi texto. No te mientas o trates de tergiversar el texto para agarrarte a una excusa y no sentirte tan mal, ya que estás cagado y temes morir. ¡Coño, acepta tu miedo! Quizás necesitas más tiempo, más conocimiento… Sé realista, no con mi texto, sino contigo mismo, analiza tus propios pensamientos…

## Si tu fueras juez, ¿qué decisión tomarías?

Hay gente que aprueba el asesinato, ya que los cometen. La rabia y la ira se apoderan de ellos y no pueden controlar su mente. Muchos se arrepienten, pero no por el acto de asesinar, sino por el hecho de estar entre rejas, en la cárcel. Son personas con muy poco dominio mental, necesitan entrenar mucho más su mente, ya que sabiendo las consecuencias y que luego se arrepentirían, no pudieron controlarse. Si no lo logran y son un peligro para la sociedad, los encierran en algún lugar y así hay más control para la sociedad.

Pero ¿alguna vez te has planteado porque asesinar no sería ético? El asesino se queda más a gusto, aunque el asesinado podría haber inventado la cura contra el cáncer. ¿Y matar a un asesino? ¿Estarías a favor de la pena de muerte? ¿Y de la cadena perpetua? Entonces, ¿crees que la gente no puede cambiar? Acaso, ¿tú no lo has hecho? Obviamente, hay personas que asesinan por problemas mentales a nivel médico pero, luego están los que tienen el cerebro bien lavadito, una buena comedura de coco, sectas religiosas llenas de ego… Entonces, ¿tú qué harías con estas personas? Tienen un patrón mental de asesinar personas muy arraigado en su mente, con un porcentaje de probabilidad de cambio muy escaso. ¿Tú estarías a favor de la pena de muerte para estas personas o crees que es mejor la cadena perpetua alimentándolos 50 años con los impuestos de los familiares de las víctimas que han asesinado?

Por una parte, la pena de muerte evita que un monstruo, un peligro para la sociedad, pudiera escapar y hacer mucho daño a nuevas personas. También es verdad, que si nunca lo vas a soltar y, tarde o temprano, todos vamos a morir, ¿para qué tenerlo ahí?

204       La vida son 2 putos días

Porque por muy dura que sea la cárcel (porque en algunos países parecen hoteles), los presos harán amigos, jugarán a juegos, se divertirán, tendrán días de comidas especiales, días de risas, sexo... Mientras esa misma persona se divierte, hay 100 personas asesinadas en un atentado y miles de personas con el "corazón" roto.

Obviamente no los defiendo y tampoco digo que lo mejor sea matarlos, estoy pensando, cuestionando... Por último, te dejo con esta pregunta, ¿y si tú hubieras nacido en otro país? ¿Y si te hubieran raptado de pequeño? ¿Y si te hubieras criado en esa secta? ¿Y si te hubieran enseñado a asesinar desde pequeño y tú fueras el condenado?

# Tobogán Cápsula

Tenía miedo, sí. Minutos antes de tirarme por el tobogán rojo, el tobogán capsula más grande del mundo, mi mente no paraba de fabricar miles de excusas para no hacerlo. Estaba aterrado, me dolía la barriga, me temblaban las piernas, no podía hablar con soltura, no podía pensar con claridad... pero ya estaba en la cola, esperando mi turno hacia el abismo.

Para que te pongas en situación. El tobogán cápsula más grande del mundo, es una especie de cilindro donde caes a más de 100 km/h desde una altura de 33 metros. Se trata de meterte en una cápsula, después de estar encerrado y apoyado en una plataforma metálica, tienes que apoyar tu cuerpo, estando de forma vertical, sobre el tobogán. Este es el peor momento de todos, tener que esperar sabiendo que ya no hay vuelta atrás. Es cuestión de segundos para que alguien accione un botón, la compuerta de tus pies se abra de repente y caigas verticalmente a más de 100 km/h, desde 33 metros, sin poder ver nada de toda el agua que trata de frenar tu cuerpo.

No era capaz de vivir en el presente sin que me importara nada más que disfrutar el momento. ¡No era capaz! Por eso, no quería hacerlo. Agarraba, fuertemente, mi vida, no quería que se me escapara. Agarraba, fuertemente, mi pasado y todo mi futuro. Pensaba, ¿de verdad merece la pena hacer esto?

Entonces, pensé... ¿quieres lograr tus sueños, quieres alcanzar experiencias increíbles llenas de sensaciones alucinantes, donde la base es el bienestar? ¡Por supuesto que sí! Pues entonces, este es un pequeño paso. No puedes irte a casa con la cola entre las piernas, lleno de miedo, sintiéndote un perdedor, sin haber vivido este día. ¡Hazlo con miedo! **¡Atrévete!**

Algo que me ayudó muchísimo a tomar la decisión de hacerlo, fue practicar el desapego. Pensé, ¿y qué si muero hoy? De todas formas voy a morir. Si no es hoy, será la semana que viene, el mes que viene, el año que viene, la década que viene... ¡Pero me voy a morir!

He de reconocer que la frase que más me impulsaba y me daba más energía para hacerlo era: *"¿Y si muero hoy?"* Asumir que me iba a morir, sí o sí, en este día de hoy, me daba fuerza, mucha fuerza. ¿Por qué? Porque asumía, ligeramente, que iba a morir. ¿Y qué hay peor que desaparecer para siempre? Por eso, al pensar así, le quitaba importancia a un tobogán de mierda... Aceptar, en mayor o menor medida, que vas a morir; es soltar. Cuanto más practiques el desapego, cuanto más puedas soltar tu vida y todo lo que conlleva; eres capaz de vivir el ahora, con mucha más realidad e intensidad. Por ende, pierdes miedo y te atreves a hacer cosas que, en un primer momento, rechazarías.
¿Qué tengo que perder? ¿Mi vida? Ya he "asumido", que hoy, me voy a morir. Es magnífico ver cómo te superas, como reprogramas tu mente con un pequeño detalle. Es magnífico ver que te has lanzado de un enorme tobogán que te aterraba, darte cuenta de que dijiste sí y lo hiciste, has marcado la diferencia en tu vida. Te sientes bien porque has crecido y te sientes emocionado por lo que has vivido. Admiro el liberar un poquito más mi vida y el reír a carcajadas sabiendo que, finalmente, te has atrevido. Lo acabas de hacer, aunque parezca mentira.

¿Por qué he dicho "asumido" entre comillas, en el párrafo anterior? Deberías saberlo. Te lo hago repasar ligeramente. Yo en el tobogán, instantes antes de tirarme, asumí que iba a morir y eso me calmaba, porque el tobogán era menos importante que la muerte. Ahora bien, también sé que, en el fondo, creía que me iba a salvar, al menos con un porcentaje muy alto y, por eso, lo hice. Entonces, ¿se puede decir que me sabotee? ¿Me mentí a mí mismo? En cierta manera sí, porque dijimos que cuando uno sabe, realmente, que va a fallecer, la resignación no puede abarcar con toda la muerte, con todo el infinito. Por eso, la mente humana, en tal caso, conmociona, impacta y pierde todos los sentidos. También es obvio, que lo que yo hice no fue en vano, porque me ayudó, entonces, sí solté y sí asumí que iba a morir, pero de una forma muy ligera y muy sutil.

Dar un paso así, decir que sí y lanzarte, te abre nuevas puertas, nuevos pasos, nuevos caminos... para tu presente y para tu futuro. Si hubieras dicho que no y no te hubieras lanzado, también abrirías nuevas puertas, pasos y caminos, solo que muy diferentes... ¿Cuáles son mejor? ¡Tú decides! Eso sí, mira de no mentirte para paliar el malestar de tu cobardía.

# Cohete Espacial

Otro momento donde sentí algo parecido fue en un parque de atracciones en Estocolmo (Suecia). Hubo bastantes atracciones donde sentí ese dolorcillo de barriga mientras esperaba mi turno, pero hubo una en particular que me daba mucha más impresión que el resto.

Esa atracción consistía en algo parecido a lo que hace un cohete espacial cuando despega. La atracción consistía en una estructura de hierro súper alta. En una plataforma se subía la gente, cada uno en su asiento y con sus respectivas protecciones de seguridad. Cuando menos te lo esperabas la plataforma salía disparada para arriba como si no hubiera un mañana.

Luego, arriba del todo, otra vez, cuando menos te lo esperabas, bajaba a toda velocidad. En conclusión, una atracción divertida y llena de adrenalina. Lo que ocurrió en mi mente fue algo muy parecido al tobogán cápsula, sensaciones muy parecidas y con una solución muy similar.

Si te fijas, la atracción de Cohete Espacial, busca que vivas una sensación parecida a cuando te lanzas en paracaídas. La atracción acelera, fuertemente, unos segundos y antes de que esa sensación de descontrol y miedo sea estable, es cuando se para.

Algo curioso que me pasó, lo cual no sé si es muy real o fue fruto de mi miedo, es que momentos antes de salir disparado, me di cuenta de que mis protecciones tenían un poco de juego, que había más espacio de lo normal, ya te puedes imaginar mi cara...

Expertos en animales, que por ejemplo, les ayudan en una recuperación tras una lesión, para después liberarlos; suelen cambiarle tanto los comederos, sus apoyos, su cama... para que se desarrollen mentalmente. Es bueno que estén expuestos a lo nuevo, a lo incómodo, a lo diferente y, entonces, su mente entrena y es capaz, posteriormente, de afrontar nuevos desafíos. Por eso, a todos nos convienen situaciones nuevas y no vivir encerrado, mentalmente, toda la vida. Tú también eres un animal y aún tenemos mucho que aprender.

# ¡Voy a saltar!

Me hubiera gustado haber saltado ya en paracaídas y contarte la experiencia por aquí. Pero no ha podido ser, ya que en invierno, este servicio no está disponible, al menos en Suecia. Pero dentro de muy poco... ¡Voy a saltar! Envié un correo para informarme del funcionamiento, para las fechas de la nueva temporada, el coste... Dentro de muy poco llegará el día y me imagino que me temblarán las piernas como si un flan bailara "brakedance".

Pero ¿sabes qué? ¡Voy a saltar! Quiero acariciar la muerte y entender, en mayor profundidad, la palabra vida. ¡Porque quiero vivir!

Y, ¿qué pasa si muero? Pues que desapareceré, al menos mi cuerpo. El cerebro pertenece al cuerpo y también desaparecerá. Por tanto, ya no tendré mente, ya no existiré. Pero ¿sabes qué? Hasta el momento que me estrelle contra el suelo, voy a disfrutarlo un montón, como otro cualquiera. Yo habré vivido y, posteriormente, habré muerto, tal y como a todos nos ocurrirá. Tú también morirás, lo interesante es... si tú también vivirás.

Los recuerdos que deje, es otra historia, pero a mí no me incumbe. Y, una vez muerto, ¿quiero que me recuerden por algo? Me la suda olímpicamente. Ahora mismo no me la suda, porque estoy vivo y si pienso; *"¿José te gustaría que tus libros, una vez hayas muerto, puedan seguir ayudando a muchas personas?"*. Y digo que sí, claro que me gustaría, me llena de emoción y siento mucha empatía por el resto. ¡Quiero ver sonrisas enormes de personas que salen de cárceles mentales! Pero, también soy consciente, que una vez muerto, mi conciencia ya no existirá y, por tanto, ni siquiera me puedes preguntar si prefiero ser recordado o no.

Si supieras que te vas a morir en caso de tirarte en paracaídas, ¿lo harías? ¡Claro que no! Pero ¿por qué? Yo no te he dicho cuándo. El hecho de que te vayas a morir es algo real e inevitable. ¡Te vas a morir pedazo de mortal! ¿Por qué no vivir una sensación de volar? ¿Piensas que te queda mucho tiempo? ¡Qué gracia! Para el Cosmos, es como si ya no existieras. ¿Qué coño haces perdiendo el tiempo en el miedo? Humanos como tú, ¿crees que habrían podido sobrevivir como especie? ¡Levántate león y devórate el mundo! ¡La vida son 2 putos días! ¡Grita y hazlo! ¡Espabila de una puta vez!

No sé si te acuerdas, pero al final de la Parte 1 de este libro te pregunte: ¿Merece la pena vivir o estar vivo? Y también te dije: Desde el punto de vista de la filosofía, me da miedo responder, ya que aún puede haber lectores con mentes muy débiles. Pues ha llegado el momento. ¡Escucha esto!

Tienes miedo a perder. ¿El qué? Tu puta vida. ¡Tienes miedo a morir! Pero ¿sabes qué? Ya has perdido, te vas a morir, es inevitable, te jodes. Querido lector y amigo mortal. ¡No tienes nada que perder y mucho que ganar! No es una frase bonita para decorar el libro, es una realidad. ¡Despierta! Si tu muerte es inevitable, ya has perdido. Estás jugando en este juego llamado vida, pero sabes que jamás podrás ganar a la muerte, al menos, a nivel científico actual. Entonces, ya has perdido lo más valioso. ¿De qué tienes miedo? Ahora lo que importa, no es que ya no tengas nada que perder, es todo lo que aún tienes por ganar. Por eso, ¡voy a saltar! Puede que te preguntes, si la muerte me ha vencido y ya sé que me ha ganado, ¿por qué he de querer ganar experiencias, buenas sensaciones y recuerdos? Ya sé que he perdido el juego y que todo va a desaparecer, entonces, ¿por qué esforzarme por algo en vano?

Me voy a contradecir pero es así, mi querido amigo. Si aún me quiero esforzar, es porque aún sigo vivo y me enfoco en vivir el presente. La pregunta es, ¿la muerte está en el presente o en el futuro? Pues si ahora mismo no he muerto, quiere decir que está en un futuro, quizás muy cercano o aún lejano.

Esto es muy contradictorio pero tienes que estar muy atento. Si yo decido vivir mi vida en el presente, lo que sería disfrutar los momentos de la vida, para que no se me escape... Entonces, no puedo centrar mi vida en el futuro, en el hecho de que voy a desaparecer y nada de lo que construyo merece la pena.

La mente no puede estar en dos lugares al mismo tiempo. Cuanto más te acercas a un sitio, más te alejas del otro.
En conclusión y a pesar de tener empatía (mientras sigo vivo), si yo decido llevar mi mente, únicamente, al futuro y ser consciente de la realidad inevitable, no veo la razón por la cual seguir viviendo.

Claro está, que si hacemos todo lo contrario, si llevamos nuestra mente hacia el presente, se nos olvida, por completo, que somos mortales y, entonces, "vivimos" sin aprovechar el tiempo.
También hay que tener en cuenta, que el futuro no es real. Lo único real es este mismo instante que acaba de pasar. Entonces, ¿por qué querer acelerar un proceso de algo que se encuentra en lo irreal? Eso es algo muy contradictorio a la vida, a lo que tú, ahora mismo eres. ¡Por eso voy a saltar, porque quiero vivir!

En definitiva, el truco que hace la mente humana de personas exitosas es vivir en el presente, viajando por pequeños momentos al futuro.

*"El futuro es algo peligroso mi querido amigo. Un poco, nos da mucha energía, pero si tratas de cogerlo todo, te mata".*

— José Montañez —

A todo esto, ¿cuál es el sentido de la vida? ¿La vida tiene sentido? Más adelante, responderemos estas preguntas.

## ¿Cuál es tu decisión final?

Finalmente, con todo lo que has leído y pensado hasta ahora, debes tomar una decisión. ¿Vas a saltar en paracaídas? ¿Sí o no? Quiero que escribas la respuesta. Puedes pensar un poco más si lo ves muy necesario. ¡Pero no te mientas! Toma una decisión y aunque sea un no, escribe tu respuesta. Ten postura para saber decir sí o para decir no. En caso de escribir un sí, piensa y plantea un plan de acción. ¿Cuándo te vas a tirar? ¿Ya tienes el dinero suficiente y lo vas a reservar ahora? Si no, ¿cuánto deberías ahorrar a la semana? Sé claro y conciso. ¡Claro que puedes!

He decidido:

_____

Publicaré mi experiencia en paracaídas en las distintas redes sociales. También, sería muy interesante poder ver las vuestras.

*Redes sociales y correo electrónico facilitados al final del libro.*

QUINTA PARTE

# LA VIDA ES
# DEL COLOR QUE
# QUIERAS PINTAR

# Introducción QUINTA PARTE

Mi vida no es amarilla, roja o verde. Mi vida es de muchos colores. Antes, mi vida, solo era de un color, pero quise cambiar. ¿Por qué? Porque me sentía atrapado en un color de mierda, sentía que no era yo. Sentía que era como una marioneta, sin poder de decisión, sin autoestima, valor, postura, naturalidad, sociabilidad... Tenía tantas carencias... Sencillamente, me faltaban muchos colores.

Para mí, los colores representan alegría, libertad y, por ende, felicidad. Lo bonito, es que si te atreves a crecer mentalmente, llenarás tu vida de colores.

Por eso, la vida siempre será tal y como tú la quieras pintar. ¿Te quieres conformar con un solo color? ¡Allá tú! Está claro que, con un solo color, con lo único que conoces, podrás sonreír a ratos, pero te estás perdiendo tanto, pero tanto...

¡Yo decidí llenar mi vida de color! Y lo más bonito, es que tú puedes mezclar y hacer nuevas tonalidades. Es triste empapar tu vida de un único color, creado por alguien lleno de egocentrismo y creencias limitantes. ¡Vales demasiado! ¡Te mereces ser libre como muchos animales del mundo!

**¡Espabila de una puta vez!**

# ¡La vida son 2 putos días!

# CAPÍTULO UNO

# ¿Los humanos cambian?

*"Los grandes cambios siempre vienen acompañados de una fuerte sacudida. No es el fin del mundo. Es el inicio de uno nuevo".*

— Anónimo —

Es verdad que el título de este capítulo, habla en plural, lo cual generaliza y se refiere a todos. Entonces, ¿todo el mundo puede cambiar? No quiero responder tan rápido. Observa tu vida, tú has cambiado mucho, ¿verdad? Yo también, muchísimo. Por eso, tengo la sensación de que sí, cualquiera podría cambiar. Pero claro, luego ves tanto descerebrado por ahí, que hacen daño a los demás y, a pesar de entender el mal que hacen, se niegan a cambiar... Entonces, en tales casos, parece que no, que no todo el mundo puede cambiar.

## Mírate en el espejo del tiempo

Sinceramente, me emociono al leer este título. Si miro en el espejo del tiempo y veo mi vida 5 años atrás, me quedo con la boca abierta, tremendamente impactado, asombrado de lo que una persona puede llegar a cambiar.

Hace 5 años, yo no podría haber escrito este libro, ni siquiera sería capaz de entender muchísimas cosas. Considero que antes, era como un gorila de feria, encerrado en una jaula. Tenía la sensación de que nunca había estado fuera, como si hubiera nacido en esa jaula. Por eso, me daban lástima o envidia todos los que estaban afuera divirtiéndose, porque para mí, lo normal y lo correcto era estar dentro de aquella jaula. Cuando veía como los de fuera se lo pasaban tan bien, tenía una ligera envidia, celos, rabia... ¿Cómo ellos estando en el camino equivocado podían ser más naturales y más felices que yo? Estar encerrado en aquella jaula, para mí era el sentido de la vida, el único camino correcto... pensaba que el resto estaba roto emocionalmente, eran engañados, pero en verdad, lo único que hacía era contemplarme a mí mismo. Lo que veía en los demás, era mi propio reflejo.

Se podría decir que tenía la cabeza bien comida, bien lavada, me había agarrado, fuertemente, a creencias falsas y limitantes que hacían de mi vida una mierda, aunque yo pensaba que era puro oro.

¿Es necesario salir de nuestra zona de confort? Yo no quería, ¿para qué iba a salir? Yo me encontraba estupendamente "bien". Era mi camino, además; *Más vale lo bueno conocido que lo malo por conocer*, ¿no? *Mejor pájaro en mano, que ciento volando*, ¿cierto? Frases como estas arruinan tu vida, porque te limitan, no te dejan ser tan libre, no te permiten **vivir**.

Y, ¿has escuchado esa frase... *No cambies nunca*? Este horrible tópico, o bien provoca que no puedas salir de la secta en la que estás o te impide alcanzar tus objetivos. ¿Por qué?

*"Ningún problema puede ser resulto en el mismo nivel de conciencia en el que se creó".*

— Albert Einstein —

Entonces, si no aumentas tu nivel de conciencia, si no cambias, si siempre quieres arrastrar el yo del pasado; es imposible resolver el problema, liberarte, lograr tus metas...

A nivel general, ¿crees que somos los mismos que hace 5 años? Aunque alguien siga siendo un capullo, ¿crees que es, exactamente, la misma persona, la misma mente que hace 5 años? ¿Las personas cambian? Heráclito decía, que si queremos definir la identidad, tenemos un problema, porque necesitamos dos cosas contradictorias para definirla. Lo que se queda igual siempre y lo que cambia constantemente. ¡Es la paradoja de la identidad!

Piensa que si siempre somos los mismos, nunca nos podrían pasar cosas, porque las cosas cambian las mentes de las personas, de forma constante. Entonces, si continuamente nos pasan cosas, ¿es posible cambiar la programación mental?

Aristóteles solucionó, aparentemente, este problema separando la sustancia de los accidentes. Por ejemplo: un toro es negro (sustancia) pero tiene unos kilos de más (accidente).
La sustancia es la forma privilegiada de ser, mientras que el accidente, es lo que se encuentra en un ser, es verdadero, pero no es necesario ni ordinario. El accidente se produce, existe, pero no tiene la causa en sí mismo y sólo existe en virtud de otra cosa. Por tanto, que alguien sea un estúpido y te trate mal, sería el accidente (según Aristóteles). En conclusión, los accidentes van cambiando con el paso del tiempo y las circunstancias externas. Aunque a veces parezca imposible, los accidentes no dejan de cambiar.

# Todo es inventado, todo se aprende

Todo esto que has leído hasta ahora, ¿quién te dice que es lo correcto? ¿Quién te dice que este sea un libro muy bueno o un libro de mierda? ¿Qué persona hay sobre la Tierra, o la ha habido, más importante que otra? ¿Quién te dice que tú o que yo, seamos más importantes que otra persona?

Todo, absolutamente todo, es inventado y aprendido. Cada letra de este puto libro fue inventada en el pasado. El abecedario, los números, las formas de expresarnos, las costumbres, las leyes... Por eso no hay buenos ni malos, porque todo está basado en un papel inventado, las leyes. Y no digo que no haya que respetarlas y que tenga que haber un orden. Lo que quiero decir, es que para alguien, un sujeto cualquiera, puede ser una gran persona y para ti, puede ser alguien horrible.

Pensamos que nuestras vidas, todo lo que hay afuera de nuestras casas, el Mundo entero... es como si fuera una tarta en una caja de cartón, lista para hacerla en tu casa en 10 minutos. La vida no es así. El que no se haga preguntas, o bien será un inútil y necesitará siempre la ayuda de los demás para todo o bien, le tomarán el pelo por todos lados. La vida no es un pastel precocinado.

La vida que llevamos hoy en día es un puto invento. ¿Quieres entender las cosas? Empieza a mirar millones de años atrás, el fruto de la evolución.

Todo lo que estás leyendo aquí es fruto de una mente, contaminada por el resto. Yo no soy un genio, nadie es ni ha sido un genio, o más bien, todos somos genios. Yo, al igual que tú, aprendo del resto y también de mis pasos, mi experiencia. Todo eso hace que mi mente maquine, tal cual como estás leyendo ahora.

La misión con este apartado es que tengas cuidado con lo que te intentan vender. No te confundas con colores falsos o palabras tergiversadas. Todo es inventado, **todos somos influenciados**. La vida no es una comida preparada, donde las cosas son así porque sí. ¡No! Tu nombre es inventado, hasta tu forma de ser... Lo que sueltas por tu boca, hasta lo que estás pensando ahora... ¡Todo es inventado! ¡De todo se aprende! Y por eso, si otros inventan... ¿Por qué tu no deberías tener criterio para inventar tu propia vida?

Para muchos (religiosos y no religiosos), el amor es lo más importante del ser humano. Alguna vez te has preguntado... ¿el amor es real o también es una puta invención del ser humano?

## ¿Existe el amor?

¿De dónde surge una relación sexual? ¿Del amor? ¡Oh sí! Los gallos y las perras (animales), son puros enamorados! Están llenitos de amor cuando se aparean con todo lo que pillan (ironía).

*"El amor tiene su raíz en el instinto sexual".*

— Arthur Schopenhauer —

Entonces, ¿el amor no tiene importancia? La mayoría de las personas que van a una discoteca, aparte de querer estar a gusto con sus amigos, beber y bailar, lo que quieren es follar, aparearse como leopardos. La mayoría, utiliza el baile para ligar; de forma inconsciente, eres como un pájaro, bailando en la rama de un árbol tratando de impresionar a tu otro pajarito.

En serio, ¿crees que la gente va a la discoteca bien vestida, perfumada, con un nuevo baile aprendido... únicamente para pasárselo bien y ya? ¿No crees que, en el fondo, todos queremos aparearnos como conejos?

¿Emparejarnos (parejas) es un medio para llegar al polvo y posible descendencia? ¿El hecho de tener pareja es un instinto de reproducción, de supervivencia? Date cuenta de que no he preguntado, únicamente, sobre una pareja. ¿Crees que de forma natural, los humanos nos emparejamos, de vez en cuando, para que la humanidad siga su curso (instinto)? Es tal cual como los animales. Lo que pasa que los humanos, saben muy poco estar con ellos mismos, por eso, se suelen emparejar, para así poder complementar sus carencias, sus vacíos emocionales, la no aceptación de la realidad del ser... es puro ego, pura necesidad de dependencia. ¿Y eso es a lo que llamamos amor?

Date cuenta de que la ilusión de dos tortolitos se va muy rápido. Pueden aprender a estar juntos, llevar una buena filosofía de vida y durar mucho tiempo. Pero, esa llama del principio (la cual le dicen amor), ¿dónde queda? ¿Podría durar para siempre? ¿Por qué no?

Es verdad, que el roce, hace el cariño, que nos acostumbramos a estar con esa persona, adquirimos el hábito con dicha pareja, y luego si nos falta, nuestra mente detecta que necesita algo más para lo que es habitual, ¿pero eso es amor?

Ahora supongamos que dos personas están tremendamente enamoradas. ¿Qué ocurre cuando llegan al final del orgasmo? No digo que luego no beses a tu pareja con cariño y aprecio, ¿pero por qué desaparece la llama después del orgasmo? Entonces, ¿habéis hecho el amor o habéis follado como gacelas?

¿Por qué crees que hay tantos cuernos? Y no tiene por qué ser algo físico. ¿Por qué crees que te excitan otras personas y deseas estar con ellas? ¿Qué te impide disfrutar mucho más tu vida sexual? ¿Un acuerdo que reprime al ser humano y beneficia al estado, al gobierno (boda, matrimonio)? No digo que todo el mundo debería de tener parejas abiertas y ni si quiera parejas... Lo que digo es que deberías dar una vuelta por el campo y observar los animales y luego tu propia vida. ¡Pedazo de animal corrompido! ¡Te lo digo con mucho "amor"!

Atento a las palabras de un Autista. Más tarde, hablaremos de ellos mínimamente, ya que son personas con mucha naturalidad, algunos con mucha inteligencia y apartan demasiadas tonterías de la gente "normal". *La naturaleza es simple, los animales están hechos para copular con un espécimen apropiado. Expanden sus alas o muestran sus colores y copulan. Es algo lógico, tiene sentido, ellos no tienen amor, no tienen sentimientos heridos, no tienen bailes; bueno en verdad algunos pájaros bailan y hay bailes ridículos...*"

Te has preguntado alguna vez... ¿por qué la gente va a la playa a tomar el sol? No me refiero a comer en la playa o darte un chapuzón. Quiero decir, alguien que va una hora a ponerse moreno. Pues es muy sencillo, ya sea consciente o inconsciente, es muchos países ponerse un poquito más moreno lo asocian con estar más guapos y así, luego podrán seducir, ligar, follar más y, por tanto, "ser más felices". También es verdad, que el que va a la playa para jugar a vóley o pegarse un chapuzón, puede que lo haga para que le vea la persona que le gusta, impresionar... ¡Ay del que no analice por dentro su vida!

En conclusión, mi quiero amigo lector, ¿el amor existe o es un cuento de hadas, donde lo único que radica es el instinto sexual?

# Querido amigo, es tu turno

Vamos a comprobar si tú has cambiado algo o si crees que ahora tus respuestas son más intensas, precisas, realistas, en definitiva; mejores. Sin mirar la tabla que respondiste al principio del libro, responde, nuevamente, esta tabla y compara los resultados.

| Preguntas | Respuestas |
|---|---|
| *Para ti, ¿qué es la muerte?* | |
| *¿Cómo me sentiría si supiera que voy a morir hoy?* | |
| *En verdad, ¿tengo miedo a la muerte?* | |
| *¿Qué hay después de la muerte?* | |
| *¿La muerte es importante para la vida? Razona tu respuesta.* | |

# CAPÍTULO DOS

# ¿Un elefante por delante?

*"Los sueños son el espíritu de la realidad*
*con las formas de la mentira".*

— Gustavo Adolfo Bécquer —

I magina que ese sueño tan grande que tienes por alcanzar, fuera como un enorme elefante de 6.000 kg. Un sueño bien grande y, a la vez, bien difícil de alcanzar. No creo que escojas algo fácil, ya que sería algo que lo podría tener todo el mundo y perdería valor para ti. Entonces, deberías preguntarte, ¿realmente es mi pasión? ¿La pasión es lo que más pesa de este sueño? ¿O quizás sea el reconocimiento, el destacar, la presión social, el puto ego?

# ¿Hemos de soñar despiertos?

Es muy fácil mentirse cuando uno tiene una autoestima de mierda. Cuando uno se alimenta la autoestima a base de subir fotos a las redes sociales, alardear de lo que tiene, tratar de quedar por encima de todo el mundo... entonces, es muy fácil que te ofendas por gilipolleces, pierdes tiempo en chismes innecesarios, te preocupa demasiado la opinión de los demás, te mientes...

La putada de este tipo de gente es que sí alimentan la autoestima, pero como es de muy poca calidad, de muy poco valor nutricional, entonces decaen súper rápido. Son personas muy inestables, parecen corderos, pero son lobos, hacen daño a los demás para tratar de sobrevivir. Y, finalmente, cuando se dan cuenta de su ser, de lo que realmente tienen construido, entonces es cuando llega la tristeza, el vacío, la depresión...

Esta vacuna, lo que estás leyendo, es construir una autoestima sana. Cualquier cosa que te impulse a mejorar tu desarrollo personal, estará mejorando tu autoestima. Auto-quererte es esencial para que todo lo que hagas, todo lo que toques, tenga un color especial.

Ahora bien, la pregunta interesante para este apartado: ¿Hemos de soñar despiertos? ¿Es necesario tener sueños para vivir? ¿Hemos de querer comernos al enorme elefante?

- Mira, por un lado tenemos a los Kantianos (que siguen el pensamiento del filósofo Immanuel Kant), convencidos de que la felicidad es algo que debemos ganarnos con nuestro esfuerzo.

- Por otro lado, tenemos los Hedonistas, gente como el filósofo Epicuro, que rechazan el dolor y consideran que una vida feliz, consiste en disfrutar del ahora.

¿Qué grupo es la vía más directa hacia una vida plena? ¡Atrévete a dudar!

¿La vida Hedonista permite disfrutar más intensamente de los placeres? Puede parecer que sí, ya que un Hedonista vive más presente cada momento. Pero ¿un Hedonista no sería un poco aburrido? Son gente que no aspira a tener grandes sueños, asumir riesgos ni a moverse mucho... Es verdad que los Hedonistas son personas que van improvisando por el camino, encuentran algo y lo prueban, disfrutando el momento sin perder mucho tiempo. Pero ¿eso da la vida plena?

Según los Kantianos, ¿no crees que la felicidad radica en labrarte tu propio camino? Porque todos hemos comprobado muchas veces, que cuando nos curramos algo con sacrificio y esfuerzo, nos produce mucho placer.

El problema es que muchos, se centran tanto en construir su futuro, que se olvidan del aquí y del ahora. Este tipo de gente, los Kantianos, ¿no son más sosos y menos naturales que los Hedonistas? ¿Un Kantiano es ingenuo por perderse el instante presente? ¿Un Hedonista tiene una concepción infantil del placer, parecen niños?

## ¿Recuerdos, instantes o ilusiones?

Alguien que enfoca su vida en el pasado, en todo lo que podría haber realizado, oportunidades que rechazó, momentos que fracaso, decepciones, recuerdos bonitos... puede traer pensamientos agradables a su día, incluso aprender de sus errores para mejorar. Pero, generalmente, estas mentes que se centran en el pasado, digamos que no son muy propensas a mejorar. Son almas en pena, llenas de lamentaciones, enfocando su vida en los recuerdos y preguntándose... ¿Por qué?

Luego están los que se la suda todo. Únicamente, quieren centrar su mente en el instante, en este momento, el resto no es importante. Disfruto ahora y lo que venga mañana, me da igual, no es el día de hoy. A pesar de que estás mentes viven en lo único real, el momento presente, son personas que no tienen una mínima guía para crecer en su vida. ¿Y es necesario crecer o evolucionar? El mundo, mi querido amigo, también la gente, no deja de hacerlo. Si no te adaptas, te tocará aprender a la fuerza o tendrás carencias y llorarás. Esto provocará que no tengas espíritu por crear o innovar cosas que te produzcan sensaciones maravillosas nunca vividas.

Quizás, quieres enfocar tu mente en el futuro, lograr grandes sueños y metas que den sentido a tu vida, ya que tú solito no te bastas, contigo mismo no es suficiente para responder las grandes preguntas de la humanidad. Aquellas personas que solo viven de sus sueños, de las ilusiones, en verdad, lo que hacen es distraer su presente, todo su ser. Eres incapaz de afrontar la realidad y pensar de forma consciente, por eso muchos se muerden las uñas o las pieles de los dedos y se quedan con la mirada perdida.

Tener un gran sueño por alcanzar, un elefante por delante puede ser algo muy bueno y te puede dar mucha energía e ilusión para tu día. Si no lo logras, te vas a frustrar y si lo logras, ¿luego qué? ¿Dónde se ha ido la felicidad o dónde estaba? También te frustrarás y siempre querrás más...

*"Los sueños son drogas para nuestra mente*
*que huyen de la realidad".*

— José Montañez —

Verdaderamente, ¿hemos de comprarnos un sofá de cactus? ¿Es necesario estar siempre de pie, en acción y tratando de ser feliz? ¿Es necesario estar siempre llenos de energía, con estados mentales positivos y buena actitud? Todo esto, puede dar mucho placer y puedes vivir experiencias muy maravillosas, pero ten en cuenta algo...

*"Cuánta más preocupación pongas por alcanzar un determinado nivel, menos natural serás".*

— José Montañez —

En absoluto niego el hecho de tener sueños o crear y lograr cosas alucinantes. El problema es cuando, sin darte cuenta, tu vida empieza a girar en torno a tu sueño, se convierte en tu droga, en el sentido de tu vida. Por tanto, esto provoca que vivas en el futuro, en una ilusión y no en tu presente, en lo real, en tu ser... Lo cual quiere decir, que cada vez más, serás pura apariencia y la gente nota esa falsedad.

Algo curioso, es que a pesar de que esta gente vive en el futuro, no son conscientes de lo que depara un verdadero futuro; la muerte, el infinito inevitable. Por tanto, son personas que inhiben su propio ser y, además, inhiben su propio final. O sea, ¡una auténtica mierda! Porque así, no son capaces de lograr sus sueños, por considerarse inmortales y tampoco son capaces de vivir, ya que están dentro de una ilusión.

¿Quién dice que sea malo estar en un bosque contemplando las flores o estar relajados en un sofá cómodo? ¿Acaso eso no te puede hacer feliz también? Si solo vives de sueños, te perderás la vida y muchos instantes de plenitud. También es verdad, de manera científica, que la monotonía aburre al ser humano, le baja su nivel de energía. ¿Alguien puede ser feliz estando encerrado en una celda? Sí. Está claro que depende de algo mental, pero también está claro, que las circunstancias externas afectarán. Alguien jugando a tenis con amigos en una ciudad soleada, tiene muchísima más facilidad para entrar en un estado mental positivo, que alguien encerrado en una celda poco iluminada y llena de humedad.

Todas las personas nos movemos por algo. Siempre hay una razón, por ejemplo:

- Levantarte de la cama porque tienes que cubrir la necesidad básica de comer.

- Ducharte y perfumarte porque quieres impresionar a tu nueva cita, y así cubrir la necesidad básica del sexo y reproducción.

- Ser constante en el trabajo para pagar el colegio a tu hijo.

- Levantarte a las 6 de la mañana para organizarte en tu nuevo negocio empresarial.

Se podría decir que todo el mundo se mueve por un sueño. Una parte de nuestra mente siempre piensa en un futuro. Ese futuro, puede que sean sueños muy pequeños, pero por algo te estás moviendo, aunque sea para cubrir necesidades básicas. Si no tienes ningún objetivo, no te mueves. ¿Dónde está el problema? En el exceso de futuro.

# Carpe Diem

Aquí tienes esta locución latina tan conocida del poeta romano Horacio. La traducción literal es *"aprovecha el día o cosecha el día"*. A priori, nos hace entender como que debemos aprovechar el tiempo y no malgastarlo. Pero date cuenta de este detalle. La traducción dice *"el día"*, no dice los 5 próximos años. Por tanto, no nos impulsa a vivir el momento presente como un instante dado, el cual siempre se nos está escapando. Tampoco nos dice de aprovechar los 5 próximos años, los cuales, por mucho que organice, no tengo ni puta idea de lo que pasará.

Esta expresión, nos impulsa a vivir de forma coherente en función al tiempo. Lo que vendría a ser, una relación perfecta entre lo que eres y lo que te gustaría ser. De esta manera, tu propio ser, no se ve tan adulterado con la irrealidad de las ilusiones futuras.

Aprovechar o cosechar mi día, quiere decir que voy a vivir el momento pero con un sueño totalmente realizable para el día de hoy. Esto provocará que mis días sean más organizados y llenos de impulso. Pero ¿qué es lo que pasa? Que si a alguien le das la mano, te puede coger el brazo, por eso, ahora viene el momento donde la gente se suele mentir. ¿Por qué? Muy sencillo, tú no quieres sueños pequeños por puro ego. A ti te gusta lo grande, ¿y a quién no? Tenemos demasiada imposición y costumbre social...

Bien, como tú quieres un sueño grande, lo que haces es trocear al elefante, a tu gran sueño, en porciones más pequeñas. Es muy buena idea y puede dar muy buenos resultados. El problema está, en que aunque tú decidas comerte hoy una única porción, tu mente no deja de pensar en el elefante, en tu gran sueño. Por tanto, vives en una mentira. ¿Por qué? Porque no eres capaz de soltar, llevas encadenado a tu vida algo irreal, tu sueño, tu futuro. Entonces, vives de una ilusión y no de tu presente, de tu ser. Sin darte cuenta, tu única motivación, a la que le das más prioridad o tiempo de calidad es el poder lograr muchos elefantes y mientras tanto, tu vida se ha esfumado. ¿El mismo hecho de existir no debería bastar para que seas feliz? *¡Oh claro, por supuesto José!* Pues analízate, eso no pasa...

Luego vendrán los defensores de los elefantes, de los grandes sueños y me dirán: *"si no sabes soñar, jamás podrás construir nada importante"*. Y quien diga eso, tiene toda la razón. Pero vuelvo a repetir; El problema está en el exceso de futuro. ¿De qué sirve trocear al elefante si luego tu mente solo piensa en el elefante entero? *Pero José, ¡eso es lo que me motiva!* Ya lo sé y eso, también es lo que te separa de tu ser y por eso, nunca lo logras. ¡Hay solución! No desesperes, que la conclusión final a tal confusión está al caer. Muy atento a estas frases:

*"Uno no se estrella por volar sin motor. Uno se estrella por volar sin rumbo ni norte".*

— Anónimo —

*"Para un barco sin destino, cualquier viento es favorable".*

— Séneca —

¿Con qué frase te identificas más? ¿Por qué una debería ser más correcta que la otra? ¿Por qué no un equilibrio entre las dos? Dime, ¿qué te gustaría alcanzar? ¿Por qué quieres leer este libro? Sí, para aumentar tu desarrollo personal pero ¿con el fin de qué? ¿Por qué te estás moviendo? ¿Cuál es tu razón? Expresa, exactamente, lo que sientes por dentro, sin miramientos, sin vergüenza, di lo que piensas... Ayúdate escribiendo. Escribe donde mejor te plazca y responde a esta pregunta (¡no tengas pereza joder!): ***¿Cuál es la razón principal de mi movimiento actual?*** Con otras palabras... *¿Qué es lo que está rondando por tu cabeza en estos últimos días, que te impulsan a moverte y poner acción a tus días?*

¡Muy bien! Si lo que has escrito es, verdaderamente, lo que sientes; buen trabajo. Ahora, imagina que alguien ha escrito: *"Tener un súper deportivo y una casa enorme".* ¿Qué opinas de esta persona? Trata de responder antes de seguir leyendo. ¡Coño participa un poco, que aquí solo hablo yo!

¿Nadie debería soñar con un elefante, un gran sueño por delante? ¿Por qué no? Claro que pueden si y solo si son capaces de vivir en el presente. Lo cual, se hace una tarea arduamente complicada para la mente. Porque aunque repartas el trabajo, en el fondo, tu mente quiere el elefante entero y luego, por desgracia, te contaminas de ego, te olvidas de disfrutar tu recorrido hacia el sueño, tu presente, tu ser, tu vida...

Una pregunta interesante que deberías hacerte es: ***¿prefieres el súper deportivo o lo necesitas?*** Si empiezas a necesitar cosas externas a tu ser, es lo mismo que tener una vida artificial, menos real y natural. ¡Tú mismo puedes juzgar si es mejor o peor!

Imaginemos que, profundamente, deseas tener un enorme elefante y, además, eres capaz, verdaderamente, de mantener tu mente en el presente. Considero que esto es un caso, totalmente, ideal. Cuanto más elevemos la conciencia y más practiquemos la consciencia, mayores sueños podremos alcanzar sin alejarnos, demasiado, del momento presente.

En tal caso, ¿por qué a la gente le cuesta tanto lograr su gran elefante? Porque no tienen paciencia, dominio mental, persistencia, motivación, valor, razón, coraje... en definitiva, no tienen la mente bien entrenada y, por tanto, se limitan. Quieren conseguir un gigantesco elefante de la nada y para ayer.

*"Madurar y envejecer, para la gente "cuerda",*
*consiste en ir limitando la mente".*

— José Montañez —

Pues atento a este ejemplo. Un elefante puede pesar, por ejemplo, 6.000 kg. ¿Cuánta cantidad de comida puedes comer al día? No es que te tengas que comer un elefante, pero es para que entiendas que tu mente tiene un límite, un proceso de aprendizaje, también tiene que descansar, no lo puede crear todo hoy... ¡Es un proceso a diario! Pues, de media, el ser humano ingiere, aproximadamente, 1.8 kg de comida al día. ¡Haz cuentas! El total de días para poder terminar o lograr tu gran elefante, sería de 3.333 días, aproximadamente, 9 años.
Es verdad que 9 años es mucho tiempo, o no. Yo he escogido un elefante muy grande (peso real), pero tú, también, sueles escoger los sueños grandes, ¿no? Comúnmente, hay muchos más elefantes que rondan las 3 toneladas y saldría un cálculo, aproximadamente, de 5 años para lograr tu sueño.

¿Por qué he hecho esta comparativa? Porque son muchos los que quieren comerse el elefante de un bocado y luego no dejan de culparse, de lamentarse, se queman, se detienen y abandonan. Entonces, deciden engancharse a una nueva droga, el ciclo se repite, hasta que ya no confías en ti y decides no tener más elefantes en mente. Ahora te conformas con una lombriz.

Un truco que no debería ser necesario, pero si funciona; es hacer público tu objetivo o hacer una apuesta. Esto, te motiva a no fallar y a trabajar más duro. ¡Es algo muy efectivo! Pero entonces, ¿lo haces por las personas o por ti? La presión social te ganaría, pero en este caso, lo haces jugando a tu favor.

Todo va a depender de la **coherencia** con la cual escojas tu sueño, como **repartas** el trabajo, el **dominio mental** que tengas en el presente y la **inspiración** que sepas acariciar del futuro.

Mi querido amigo lector, ¡aprovecha tu día! No los próximos 5 o 10 años, eso es mucho, quizás ya estés muerto. No digo que no te puedas organizar a 10 años, lo que no quiero es que te mientas y luego no sepas estar en lo único real, en esto que tienes ahora, tu presente. La vida son 2 putos días. ¿Vas a dejar que se te escapen pensando en ilusiones?

*"El que afronta su puta realidad, es mucho más veloz*
*que un gran soñador".*

— José Montañez —

Mi querido amigo, habrá momentos en la vida donde tengas que ser un **avión con un rumbo** y otros donde necesites ser un **barco sin destino**. Tú te estás transformando en un gran capitán y en un gran piloto, capaz de saber llevar un equilibrio perfecto, para aterrizar en la plenitud y perderte en el bienestar.

*"Se trata de vivir en el instante con toques de futuro*
*y aromas de muerte".*

— José Montañez —

CAPÍTULO TRES

# ¿Cuál es el sentido de la vida?

*"Una persona se autorrealiza en la misma medida en que se compromete al cumplimiento del sentido de su vida".*

— Viktor Frankl —

U n poco arriesgado poner un título así, ya que es la misma pregunta que se ha hecho la humanidad tras el paso de los milenios. ¡Tantos genios que han dedicado su vida entera, para tratar de responder preguntas tan profundas como esta! ¡Agárrate bien fuerte allá donde estés! No será un texto fácil de digerir, ya que una vez lo leas, no entenderás nada y, a la vez, lo entenderás todo.

# ¿Es necesario reflexionar para vivir?

Depende lo que para ti signifique la palabra **vida**.

Imagina que tenemos una sandia en frente de nosotros. Muchos, por costumbre, saben que es una fruta y que alimenta. Por eso, la abren, se la comen, tiran las cáscaras a la basura y, más tarde, vendrá la defecación.

Otros, pueden observar la sandía durante horas, ya sea por aprender de ella, meditar... Además, se preguntan: ¿De dónde viene la sandía? ¿Por qué existe? ¿A dónde va la sandía?

La filosofía hace trabajar al cerebro, hasta el punto de agotarte. Por eso, he querido que filosofemos mucho en este libro. Todos alimentamos nuestros cuerpos, cada día, con alimentos y, por eso, seguimos vivos, transformamos energía. Pero ¿qué pasa con la mente? ¿Quién la alimenta a diario? Es como si un coche de hoy en día, lo pintamos, le cambiamos los neumáticos, pero nunca realizamos un mantenimiento al motor ni ninguna reparación. ¿Qué ocurrirá? Pues que te dejará tirado en poco tiempo; tristeza, ansiedad, fobias, depresión, complejos, inseguridad...

Por tanto, ¿tan necesario es reflexionar para vivir? Fíjate que el ser humano reflexiona, por naturaleza actual. Constantemente, estamos pensado. ¿Eso quiere decir que todos filosofamos? ¡Para nada! **Filosofar** también es una palabra muy grande para tan pocas letras. No es lo mismo pensar de forma abstracta, queriendo aprender cosas nuevas, que pensar opciones conocidas en función a nuestra conveniencia.

La pregunta es, ¿tú estás dispuesto a **filosofar**? Hay preguntas que no todo el mundo las quiere pensar. Por eso, para ti, ¿qué significa la palabra vida? ¿La vida es tener unos estudios, un trabajo, casarse, tener hijos, una hipoteca, rutina, jubilarse y morir?

*¡Oye José! ¿Para ti qué es vivir?* No lo sé. Eso para empezar. Yo no soy ningún puto genio ni nadie lo es. Porque así como no hay verdad absoluta por falta de unanimidad, tampoco hay genio por falta de personas a favor, ya que es inmensamente difícil agradar a todos. Lo que sí hago, y muchos otros también, es filosofar de forma neutra.

Para mí, **vivir**, es ser consciente de este preciso momento y disfrutarlo tanto, que mi cara solo desprenda bienestar. Aun siendo consciente, que el año que viene ya no estaré en este mismo lugar, ahora mismo, puedo tocar la barandilla de la escalera. Siento el tacto de la madera en mi mano. Muevo mis ojos, veo otro lugar de la barandilla y llevo mi mano. No es una ilusión, estoy aquí, puedo disfrutar del tacto.

Para mí, mi queridísimo amigo lector, la vida, es entender que mi perra Chispa, mi amor, desaparecerá en unos años, pero ahora mismo, puedo comérmela a besos. Se me cae la baba (literalmente) cuando la beso en la mejilla. Sé que un día no estará, pero ahora mismo, la puedo amar. Puedo volverla a llamar y besarla otra vez, está aquí. Siento, ahora mismo, su mejilla en mis labios. No es una ilusión, está aquí conmigo. La paz y el bienestar que siento, no se pueden describir. Ella me mira asombrada como escribo con los ojos inundados y luego, me besa la oreja como una loca.

Para mí, la vida, es saber que un día voy a desaparecer por siempre. Pero a pesar de ello, ahora mismo, puedo mirar mis manos, como se mueven al escribir cada una de estas putas letras. Rozo mis dedos, siento el tacto. Tantos años que han pasado, pero ahora me siento más vivo que nunca. Veo como se marcan las venas de mis manos, la luz cálida de la lámpara iluminándolas. Un día esta carne se pudrirá y solo quedará hueso y es una realidad inevitable. Pero ahora, puedo mover mi mano y se mueve la piel, se arruga, está sana y tengo fuerza. Mis ojos ven a través de este cuerpo. Soy de la nada pero ahora estoy en todo, aquí mismo, en un puto rinconcito del Universo. Me duele el culo de tanto escribir, de tanto estar sentado.

Y ahora, de mis ojos brotan lágrimas, pero no quiero, porque me mojo las gafas... Me emociona saber que alguien pueda

levantarse de su cama con ganas de vivir, alguien que quiera romper los barrotes de la sociedad, salir de su jaula y empezar a volar por encima de las montañas.
Me vuelvo a mirar las manos, giro la cabeza y mi perra me está mirando. Ahora mueve la cola, desprende felicidad. A pesar de saber, que ella ni yo, un día estaremos para contarlo, ahora mismo, y solo ahora, esto es real, estamos vivos, hay que celebrar. Mi querido amigo, después de suspirar y esperar a que se seque, un poco, el lagrimal; volveré a escribir con "normalidad".

Sin poner tanto sentimiento y, a modo resumen, he de decirte que para mí, vivir, es sentirte vivo, **ser** un ser vivo. No es simplemente existir, es sentir que estás viviendo aquí y ahora.
Heidegger separaba dos tipos de existencias: la auténtica y la inauténtica. La existencia inauténtica sería toda persona que no quiere ser consciente, de forma general, ante todo tipo de cosas que no le conviene, por ejemplo, la muerte. Son personas que ponen caras de asco cuando les hablas de ella y quieren huir del tema, lo antes posible. La existencia inauténtica es para los que viven pendientes de los planes de futuro, para intentar negar que morirán. Por el contrario, la existencia auténtica, es para los que saben que morirán, pero eso no les impide vivir, incluso, pueden vivir con más alegría, porque lo que provoca angustia, no es la muerte en sí misma, sino hacer como si no existiera.

# El suicidio

El suicidio es un tema delicado, pero no debe ser un tabú, además, por raro que parezca, ayudará a esclarecer el enfoque de este capítulo. Si alguna vez alguno de vosotros tiene pensamientos suicidas, es importante que pida ayuda, a alguien de la familia, a algún amigo responsable y maduro, a algún profesor, a un médico... Compartiendo esos pensamientos y sentimientos, os sentiréis acompañados.

Solo hay un problema filosófico realmente serio; El suicidio. Así comienza el mito de Sísifo de Albert Camus, el llamado filósofo de lo absurdo. Él se percató que era imposible responder a la pregunta: "¿Por qué estamos aquí"? Camus dice que hacemos las cosas rutinarias como hacía Sísifo, un personaje mitológico condenado por los Dioses a repetir siempre la misma acción. Tenía que empujar una roca hasta la cima de una montaña para que volviera a caer hasta el valle, donde tenía que recogerla y volverla a subir.

Llevamos vidas monótonas, aburridas, repetitivas, hasta que un día nos preguntamos: *"¿Tiene sentido mi vida?"* El absurdo que habla Camus no es que la vida no tenga sentido, sino justamente la pretensión de buscar un sentido a las cosas. Entonces, ¿nos tenemos que joder y aceptar que nada tiene sentido? El absurdo deja de serlo, en el momento en que lo aceptamos tal y como es y dejamos de pensar que hay cosas que hacen que la vida tenga sentido. Según Camus, solo se suicida el que previamente ha querido darle sentido a la vida, en cambio, quien acepta el absurdo, vive con él.

¿Todo esto es triste o realista? Sabiendo esto, ¿uno debe tener más ganas de vivir? Ten en cuenta que Camus era un vitalista, se negaba al suicidio. Que la vida sea absurda, no debe hacernos caer en la apatía (grave desinterés o falta de entusiasmo) más profunda. A pesar de vivir en un mar de preguntas sin respuestas, no debemos rendirnos ante la vida, la tenemos que afrontar con toda su incertidumbre. Según Camus, darse cuenta de esa verdad, es aprender a **vivir**.

## El sentido de la vida

Al final de la Parte 4, te dije que responderíamos mejor a las preguntas: *"¿cuál es el sentido de la vida?" "¿La vida tiene sentido?"*

Con lo que llevamos de libro y lo que has leído en este Capítulo… *¿tú qué piensas?* Habla en voz alta. Responde a las dos preguntas anteriores.

Estoy seguro, que ahora podrás entender mejor esta frase que te dejé al final de la Parte 4:

*"El futuro es algo peligroso mi querido amigo. Un poco, nos da mucha energía, pero si tratas de cogerlo todo, te mata".*

— José Montañez —

Estoy seguro de que ahora todo te cuadra mucho más y también habrás esclarecido esta frase que hemos leído no hace mucho, al final del anterior Capítulo:

*"Se trata de vivir en el instante con toques de futuro y aromas de muerte".*

— José Montañez

El escritor y filósofo francés, nacido en Argelia, Albert Camus (1913-1960) creía que, como la vida no tiene sentido, podemos adoptar una de dos actitudes: le ponemos fin a todo o nos encargamos de encontrarle nuestro propio significado.

¿Cuál es el sentido de **tu** vida?

# CAPÍTULO CUATRO

# Sin locura no hay felicidad

*"La locura es el estado en que la felicidad
deja de ser inalcanzable".*

— Lewis Carroll —

Es curioso que muchos autistas, a pesar de no ser "normales" (no son la mayoría de la sociedad), tienen mucha lógica y ven la vida con otro color, más real, más como la vería un animal y no como muchos humanos tan contaminados.

Hoy en día, se diagnostican "problemas mentales" y se realizan tratamientos con profesionales. Antiguamente, a estas personas, se las consideraba "gente loca", endemoniados, inferiores... Y en verdad su "locura" hace que vean la vida mucho más interesante, no se centran en mucha mierda de los "normales" y, muchos, pueden ser muy felices.

## Locos del Cosmos

Todos somos igual, todos hemos salido de un chichi o esa era la intención, todos venimos de la nada y hemos venido al mundo desnudos... Tú no eres menos ni más que un supuesto genio, que un supuesto millonario, famoso, con títulos y con todas las mierdas o logros que quieras decir. ¡Todos somos iguales!

Ahora bien, ¿todo es posible? ¿Yo puedo conseguir todo lo que me proponga? ¿No hay imposibles? Bueno, otra pregunta que no se puede decir sí o no. Hay que filosofar. ¡Atento, es interesante e importante!

A muchos nos crían diciendo que podemos llegar a ser lo que queramos, que no hay nada imposible, que con esfuerzo y dedicación lograremos todo lo que nos propongamos. Suena muy bien y, unas palabras así dan mucha esperanza e ilusión. Pero, hay que tener en cuenta, que esto es una realidad para muchos y una falsedad para muchos otros.

Muchos padres, quieren que su hijo sea un futbolista de élite, una súper estrella del pop, un actor de Hollywood... ya que ellos no lo han podido lograr. Estos niños no paran de ver la *"vida perfecta"* de sus ídolos, toda la alegría que desprenden, buena energía, muchos fans, amigos, lujos y juguetes... Claro, entre lo que ves y lo que te dicen tus padres, pues tú quieres ser alguien como ellos. Pero ¿en verdad te apasiona lo que hacen o tan solo quieres la supuesta vida que muestran tener?

Muchos famosos a nivel mundial darían todo su dinero por ser alguien normal, por pasar desapercibido en esta sociedad, poder hacer cosas más normales y vivir una vida más natural. Como sabemos, a algunos pocos casos, les llega la fama y el dinero sin apenas darse cuenta. Este tipo de casos, si no entrenan muy rápido su inteligencia financiera y emocional, acaban metiéndose cocaína y arruinándolo todo en muy poco tiempo. Obviamente no todos, pero conocemos muchos casos. ¿Por qué pasa esto? Porque nada, ni la fama ni el dinero garantizan la plenitud, felicidad, eudaimonia, bienestar... ¡Se trata de tu **ser**!

¿Quién soy yo? Yo soy yo. No soy ni mi nombre, no lo elegí.
Cuando uno se da cuenta que el dinero, la fama, los videojuegos, la música, el sexo, lo que quieras decir... lo has utilizado como barrera para no ver tu ser al desnudo, es cuando entristeces. En este momento, te das cuenta de que tu vida es una mierda y, por eso, muchos se drogan, necesitan barreras más fuertes.

Después de este chute de realidad, te vuelvo a preguntar; ¿Todo es posible? ¡Fíjate bien! Jugadores de fútbol muy buenos y famosos, podríamos hacer una lista de 100 aproximadamente. Si hablamos de la élite del fútbol, entre 10 a 15 jugadores. Vamos a suponer que tú quieres ser uno de esos 100, que quiere tener un gran éxito profesional. Nos conformamos a no ser el mejor... Actualmente hay 7.8 billones de personas. Por tanto, tienes una probabilidad del 0.000001% de ser una gran estrella del fútbol, ya ni hablemos de ser uno de los mejores.

Te vuelvo a preguntar; ¿Todo es posible? Claro que sí, el resultado no ha sido 0. Si no es nulo, quiere decir que otros lo han logrado, por tanto, yo también puedo. No me cabe la menor duda. Y sé que tu querrás ponerle realismo y decir: *"Yo sé que es difícil, que hay poca probabilidad, pero me voy a esforzar como nunca, mucho mejor que otros y lo voy a lograr"*. Admiro tu forma de pensar, ¿pero sabes qué? Ese pensar, lo tienes tú y otros miles de millones de personas. ¿Hay que poner ilusión? ¡Claro! ¿Hay qué ser realistas? ¡Obvio! Si no, luego te llevarás la decepción como muchos otros, sentirás que eres una mierda, un fracasado, que no vales para nada y eso, a la larga, es peor. Luego te asocias unos patrones mentales, que hacen que el resto de tu vida se vea limitada y sea una puta mierda, por un fracaso y una desilusión tan grande que te llevaste.

Ahora bien, querido lector. ¿Siendo realista entro en el pesimismo? ¿Un jugador de élite crees que fue realista, vio la posibilidad de fracasar? Puede que no, puede que esa persona no vio opción al fracaso y lo logró, pero el resto hizo lo mismo y no lo lograron, se amargaron la vida.

¿Y por qué ese jugador sí logró ser una estrella del fútbol? Quizás tuvo suerte. La suerte sí existe, pero a largo plazo. Quizás el que hizo el contrato, estaba enamorado del culo del jugador y por eso, tuvo suerte, ¿quién sabe? Lo que está claro, que el esfuerzo y la persistencia siempre vencen a la suerte. Los grandes caminos, se construyen caminando mucho. No con dos pasos puedes llegar a la otra punta del mundo. Claro está que puedes tener pequeños momentos de suerte, te pueden ayudar (muchas veces, por interés te quiero Andrés) y puedes escalar a nuevos caminos. Pero si lo que quieres es llegar lejos, pues disfruta cada paso, cada paisaje, aprovecha oportunidades y, lo más importante, sé constante en tu caminar. ¡Agárrate fuerte que viene el párrafo importante!

En conclusión, el punto de la cuestión no está en ser más o menos realista, sino en **soltar**. ¡No necesitar nada para **ser**! Vienes de la nada, irás a la nada, pero ahora lo quieres tener todo. ¡Pedazo de animal! ¿No te das cuenta? Si no sueltas, la vida te dará una lección, te matará y lo soltarás todo de repente, a las malas, a fuerza bruta. Se trata de **preferir**, deja de necesitar tanta mierda para ser feliz. ¡Estás vivo, disfrutar tu ser!

Otra pregunta interesante e importante sería:
***¿Cabe la posibilidad de esforzarme, arduamente, por lograr algo, sin necesidad de conseguirlo?***

Nada fácil responder a esta pregunta. Diría que tiene la misma dificultad de respuesta que estas otras:
***¿Se puede llegar a vivir en esta sociedad?***
***¿Realmente puedo ser libre?***
***¿Podré alcanzar la felicidad?***

¡Claro que tú también puedes lograr cosas muy interesantes! Y ya sabes que tienes que ser un "loco". Lo diferente llama la atención y es lo que te permite hacer algo nuevo en comparación a la masa.

*"¿Y qué si te llaman loco mientras te acerques*
*a tu propia excelencia".*

— José Montañez —

Sabes que sin locura, no hay felicidad y sin felicidad, no podrás lograr muchas cosas.

*"Aquellos que están lo suficientemente locos como para creer que*
*pueden cambiar el mundo son quienes lo cambian".*

— Steve Jobs —

*"Tengo una pregunta que a veces me tortura: estoy loco yo o los*
*locos son los demás".*

— Albert Einstein —

Entonces, para que me quede más claro, ¿estaría bien si trato de ser el jugador n°1 de tenis? Bueno, en tal caso, sabes que vas a necesitar dedicar, prácticamente, todos tus días al tenis, sino observa la vida que tuvieron los más "grandes". Vas a tener que entrenar muchísimas horas al día durante muchos años, observar todas las técnicas de tus rivales, cuidar mucho tu alimentación, te vas a tener que privar y sacrificar de muchísimas cosas durante mucho tiempo… En general, tu mente, tendrá que estar, totalmente, centrada en el tenis. Tendrás que hacer un sobreesfuerzo, casi sobrehumano, para llegar a esa posición. Entonces, ***¿tú crees que alguien podría realizar ese esfuerzo tan inmenso sin tener la necesidad de conseguirlo?***

Si yo no tengo la necesidad de conseguir ese n°1, ¿por qué mi mente debería estar todo el tiempo ocupada en algo que no lo voy a necesitar? Creo que cuando hay un esfuerzo tan inmenso, siempre, en el fondo, radica una necesidad.

Ahora vuelvo a preguntar, *¿tu verdadera pasión sería el tenis o quiero quedar en el primer puesto por puro ego?*

- ¿Crees que tu pasión está en cada golpe de la pelota, cada movimiento, sentir el tacto de la tierra y sentir en tu ser el tenis?

O quizás...

- ¿No crees que en verdad, lo que quieres es el título, la etiqueta, la fama, el dinero, los elogios y la posición social?

Cuando dejas de tener necesidad, puedes jugar sin culparte cuando pierdes. Por tanto, nunca fracasas porque entiendes que es parte del juego, aprendes y también lo disfrutas.

Por una parte, es lo bonito de no necesitar, no me frustro cuando pierdo porque no necesito ganar, solo jugar, solo vivir. Nunca fracaso, siempre disfruto. ¿Crees que esto resta emoción? Puede, pero también hay una ventaja. Al no fracasar, no me culpo y, por tanto, no me detengo, lo cual me permite llegar mucho más lejos. Cuando hablamos de ser un n°1, ese esfuerzo tan inmenso que hay que realizar, no es posible compaginarlo con la no-necesidad.

Ahora bien, ¿por qué tenemos tanta necesidad de cosas? La sociedad tan bonita en la que vives tiene la respuesta. Si no fuera por la sociedad, no habría necesidad de nada. Seriamos seres humanos en la naturaleza y ya. ¡Fíjate en los animales, en los instintos! ¿Acaso no es bueno evolucionar? Por supuesto que sí, pero a nivel mental y desarrollo personal, ¿dónde queda el ser humano en comparación a un animal?

Si tú quieres jugar a la sociedad y lograr ese n°1 en tenis, tu ingrediente principal, será la necesidad, lo cual no es propio ni natural; es puro ego, pura imposición. Te verás obligado a hacer un grandioso esfuerzo y puede, con una probabilidad bajísima, que lo consigas. En caso contrario, espero que todo este texto, te sirva para afrontar mejor el fracaso y que no lo transformes en una puta etiqueta para toda tu vida.

¡Analiza tu vida, descubre tus límites actuales! Actualmente, ¿qué está necesitando tu vida para "ser feliz"? ¿Qué es lo que estás prefiriendo y disfrutando al máximo? ¿Dónde pones el límite entre las dos preguntas anteriores?

Si te sigues culpando por la necesidad, te frustrarás la vida y no dejarás de crear etiquetas falsas. Es tu momento de empezar a limpiar, si quieres una vida más auténtica y natural. Aún tienes que sacar mucho lastre y mucha mierda de tu vida, para que te permita correr y volar. Esto, te acercará a la libertad y a la felicidad, a pesar de que nunca la podrás alcanzar, porque ya no eres amigo de la nada, pero estoy seguro de que un día os reconciliaréis.

# ¡Espabila!

¿Estás esperando una señal? Aquí la tienes. Digamos que tú eres la señal y el que decide cuando querrá espabilar. Para mí espabilar, significa aumentar el nivel de consciencia. Eso quiere decir, ser mucho más sensato de cómo trabaja tu mente en cada situación, en función a los estímulos exteriores que percibimos.

Mi querido amigo, cuando existen ganas, todo es posible. La vida te pondrá obstáculos si decides moverte. ¿No quieres afrontar ningún obstáculo? ¡No vivas! Te puedes meter en una habitación de un metro cuadrado, oscura y sin interacción con el Mundo. ¿Pero qué es de una vida sin desarrollar sus sentidos? Somos seres humanos, seres vivos y la vida es movimiento. Por tanto, si quieres jugar a la vida, no te quejes. Ya sabes que te van a venir obstáculos, y muchos. Lo curioso, es que aunque la vida ponga obstáculos, eres tú el que pone los límites. Si ya sabes que el camino tiene piedras y vas a tener que esquivarlas, saltarlas, romperlas, empujarlas, ir por un atajo, un desvío para luego retomar, probar otro camino... ¿por qué te quejas de algo que ya sabes que iba a ocurrir? En vez de ponerte en ese mal humor, donde te haces daño a ti y alejas a los demás, podrías tomarte los obstáculos con una mejor filosofía y alegría.

Si tú vas a una tienda, compras un juego y luego resulta que no te gusta, que te produce mal humor y no te hace pasar un buen rato; tenemos un problema. Pero ¿dónde está el problema, en el juego o en ti? Puedes pasarte la vida tratando de cambiar de juego, pero si al final el problema es tuyo, nunca llegarás a **vivir**.

La vida es un puto juego y si de verdad quieres jugar, vas a tener que aprender a controlar tu forma de pensar, porque ahí radica la vida, en tu mente. Así, podrás hallar el gran tesoro, que es tu **ser** y tras aceptarte, amarte y superarte; podrás vivir experiencias mágicas, propias de un juego tan alucinante.

¿Cómo hacer que el viento sople a mi favor de manera más constante? ¿Cómo sentir que tengo "suerte" o que la vida me trata bien? Bueno, ya sabemos que la suerte funciona a corto plazo y que la vida trata a todos por igual.

*¡Oh, José, eso no es cierto! A mi vecina del 5º le tocó la lotería y era una guarra, y yo aquí, partiéndome el espinazo todos los días. También, tenía un amigo que parecía un ángel, súper buena persona y, de repente, con tan solo 20 años de edad, un coche se lo llevó por delante y lo mató.*

La vida no es un ser mitológico que quiere a unos más que a otros. Somos genética tras millones de años de evolución, contaminados por la sociedad y la polución. La vida, trata a todos por igual, a pesar de que haya circunstancias diferentes para todos, las cuales interpretamos de diferentes maneras.

*¿Y qué me dices de alguien que nace en un país con pocos recursos, en un país en guerra o alguien que nace sin piernas?*

Pues, para empezar, te digo que es alguien que podría ser 1.000 veces más feliz que tú, aunque tú tuvieras todo el dinero del mundo. Repito, la suerte a corto plazo existe, pero luego tienes toda una vida por delante para ponerte límites o poner soluciones con alegría y vivir mejor la vida. ¡Tú decides y ya está!

Estés donde estés y tengas lo que tengas, como si estás en un cochazo o en una cámara de gas, como si te queda una hora para morir o 50 años... tú decides si quieres ser feliz, ahora mismo, o no. Claro, pero es muy fácil decirlo sin estar en esa situación... ¡Tienes toda la razón! Fíjate, muchos judíos, con mentes brillantes, fueron felices en los campos de concentración, obvio que no lo podían reflejar a los soldados, porque por rabia, los podrían matar. ¡Qué nada ni nadie te robe la alegría, coño! Muchas personas con un cáncer terminal, sabiendo que les queda unos meses, son capaces de bailar y reír mientras que otros no paran de llorar, torturarse y no quieren sonreír, prefieren estar enfadados con el Mundo. ¡Coño, pues tú decides lo que hacer con tu vida, pero no contamines al resto, deja en paz a los que sí quieren **vivir**! Porque no es una cuestión de cuánto tiempo vas a vivir, es una decisión de cuándo vas a empezar a vivir.

¿Acaso tengo que estar siempre alegre para vivir? ¿Ser consciente y vivir en mayor medida, no puede ir de la mano con la tristeza? ¿Acaso alguien no tiene derecho a estar triste? Sí, claro que sí. Pero ¡observa los animales! ¿Tú ves que tengan los mismos problemas que los humanos? La tristeza es fruto de las emociones que los humanos hemos desarrollado y potenciado. Producen enormes desventajas en el cuerpo y la mente humana. Hay una diferencia brutal en el físico y la forma de hablar, entre una persona que siempre suele estar triste u otra que siempre suele estar alegre.

*Pero José, yo sé de muchos perros que se les ve súper tristes, muy parecido a nosotros.*

¿Y cuántos putos años llevan los perros con los seres humanos? Fíjate en los animales salvajes, en estado natural. No digo que haya que volver a esa época... pero no se toman las cosas tan a pecho como el ser humano. Ellos, simplemente, tienen momentos de mayor o menor bienestar y en función a lo que perciben, siguen o cambian de camino, pero no se castigan y se flagelan, mentalmente, como nosotros. Muchísimos animales, disfrutan mucho más la vida que muchos seres humanos.

Mi querido amigo, si quieres que el viento sople más a tu favor, deja de necesitar tanto. ¡Suelta un poco! Eres un barco y no es malo tener rumbo. Pero, si te vas al extremo de que solo ese rumbo es el correcto, pues cualquier otro viento que no te lleve hacia él, te va a molestar. ¿Y tú que coño sabes si en otra isla podrías estar más a gusto? ¿Por qué te limitas a algo que te ha implantado un grupo de la sociedad? ¿Por qué no eres capaz de vivir más natural? Te lo digo. ¡No te atreves a soltar! Tu ser tan bonito y precioso tiene miedo de quedarse solo, a la deriva del mar, que le golpeen vientos desconocidos y te lleven a islas que nadie ha poseído. ¡No tengas miedo! La vida es un puto juego. Tú consideras que esto es lo más importante y haces un mundo de este Mundo. Pero en verdad, esto, tú y yo; somos una puta mierda en comparación a las dos nadas que tenemos por delante y por detrás. ¿Por qué no dejas y aprovechas que soplen otros vientos en tu vida? ¡Tienes miedo! El problema, es que el resto de los vientos, te hacen sufrir porque no te acercan a tu necesidad. Solo te interesa el viento que te acerca a tu conveniencia, a la conveniencia que te han impuesto, la que te han implantado. Hay demasiados vientos por descubrir. ¡Atrévete a soltar un poco! Haz que los vientos de la vida soplen un poco más a tu favor.

*"En vez de contar los días que faltan para llegar a tu sueño, ¿por qué no haces que cada día cuente, que cada día sea un sueño?".*

— José Montañez —

Hoy es tu oportunidad y no debes tener miedo a soñar. Hoy quiero realizar un sueño, hoy quiero vivir y quiero que ese sueño, sea más grande que el miedo que tengo hoy. Sé que si no lo intento, ya he fracasado, se convierte en un hecho imposible, porque no me he movido. La vida es un juego y hemos venido a jugar. Sabemos que, en cualquier juego, a veces se gana y, a veces, se pierde. ¡Menos mal! Si no, la vida no tendría tanta emoción, al igual que si fuéramos inmortales. También sabemos que lo más importante cuando se juega a algo, es pasárselo bien. Por eso, la vida es mejor cuando ríes. Decide pasártelo bien, sea cual sea el resultado. ¡Trata de jugar con alegría tu vida, pedazo de mortal!

*"La vida reserva un color especial para todos aquellos que decidan disfrutar".*

— José Montañez —

¿El pájaro es feliz porque canta o canta porque es feliz? Piénsalo detenidamente.

Supongamos que el pájaro canta cuando es feliz. Puede haber muchos momentos que decida no cantar, ya que este pájaro, toma una acción en función de otra. Por tanto, será feliz con unas circunstancias exteriores determinadas. En resumen, este pájaro, canta porque es feliz.

Por otro lado, el pájaro decide cantar, independientemente, de lo que pase fuera de su ser. Este pájaro canta a pesar de las circunstancias exteriores y eso, le garantiza la felicidad. En resumen, este pájaro es feliz porque canta (porque es).

La moraleja es simple; o dejas que tu felicidad la moldee la sociedad, o bien, decides ser feliz, simplemente, por ser pájaro, con lo que tú eres.

¿Quieres volar alto ahora mismo? Cierra los ojos y vuélvete a tocar las manos, con los ojos cerrados y mucho cariño. ¡Rózate las manos! Siente que este momento es único e irrepetible. Vas a morir, sí. Pero, ahora estás vivo, son tus momentos presentes que te hacen sobrevolar las nubes y no para que el resto te vea como alguien grande, sino para que tu veas el mundo desde arriba y contemples lo asombroso e insignificante que eres.

# ¡Salta sin pensar!

¡Te reto a que hagas algo ahora mismo! ¡Tú solo y nadie más! Ya que cuando uno está con amigos, al ser más cantidad, hay más fuerza; es más fácil atreverse a hacer nuevas cosas, tener más energía, posturear tu estado de ánimo... Pero ¿eres el mismo cuando te quedas solo? Por eso, tienes que aprender, tú solito, a crecer.

Quiero que cierres los ojos, mueve tus hombros para que se desengarroten los músculos, respira profundamente por la nariz hasta que no puedas más y, finalmente, exhala lentamente por la boca. Repite el proceso 5 veces. ¡Hazlo ahora! En cuanto hayas terminado, vuelve aquí y continúa leyendo. ¡Vamos!

¿Por qué hacer algo así? Todo esto, así como técnicas de respiración para depurar tu cuerpo de toxinas, meditación, ejercicios para cambiar de estados mentales... lo explico, con detalle, en mi libro: «*ESPABILA DE UNA PUTA VEZ*». Es muy sencillo, todo lo que tiene que ver con dominar tus pensamientos, tu mente y realizar ejercicios (mentales y físicos) que te conecten contigo mismo, con tu ser... es algo maravilloso. Esto producirá paz en ti, emoción, alegría, incluso; adrenalina.

¡Te sigo retando! Ahora, estés donde estés, te reto a que te levantes y pegues 5 saltos bien dados. Que tus pies se separen del suelo, si es que no tienes ninguna lesión y puedes hacerlo. Tienes que hacerlo con mucha energía, como si te fuera a regalar un maletín lleno de dinero. Cuando saltes, tienes que gritar, como un buen loco y una buena loca, sonriendo sin parar.

¿No lo quieres hacer? Pobrecito… ¿Por qué? No hay necesidad de hacer algo así, ¿verdad? ¿Qué excusa o mentira nos decimos, para afrontar que nos da miedo hacer algo incómodo, a lo que normalmente estamos acostumbrados? ¿Y si te digo que cuando hagas este reto, sentirás un bienestar increíble? El reto consiste en que provoques un movimiento fisiológico en tu cuerpo similar a cuando ganas o logras algo tremendamente importante para ti.

Por eso, en cuanto lo hagas, tu mente se pondrá en un estado mental positivo, que te producirá un bienestar enorme. Si estás en un lugar público, pues te sales o te metes en el baño, haz lo que tengas que hacer, pero hazlo. ¡Supérate! A la gente se la suda lo que hagas. Te mirarán unos segundos y se olvidarán de ti, están demasiado preocupados con sus problemas del futuro…

Porque, ¿quién te impide ser feliz en este mismo instante? ¿Tu puto miedo? ¡Pues va, es tu momento, ya, sin pensar! Levántate, da 5 saltos súper grandes y grita con todas tus fuerzas mientras sonríes muchísimo. ¡Hazlo ahora mismo y vuelve aquí!

Si ya has saltado, ¡enhorabuena! ¡Qué alegría! ¡Vales demasiado, mi querido amigo lector! Si no lo has hecho, ¡me cago en la puta hostia! De verdad, no continúes leyendo si no lo has hecho. No nos defraudes, no te defraudes. ¿Tienes miedo? ¿No lo quieres hacer? Vuelve a empezar el libro o lo regalas. Quiero que estas últimas letras, sean para gente loca, valiente, consciente, decisiva… ¡Espabila de una puta vez!

# ¡La vida son 2 putos días!

Ojalá estas letras lleguen a muchos rincones del Mundo y provoquen lágrimas, risas, emociones, el resplandor de unas alas al viento… Quiero verte en la cima del Universo, en el pico más alto, con tu cerebro en la mano, contemplando el que eras y el que eres, y que esa diferencia saque lágrimas de tus ojos, de tu alegría.

Se acerca el final de este libro y no tengo ni puta idea que poner. ¿Crees que eso es inseguridad, falta de profesionalidad? ¡Y una mierda! ¿Acaso no valoras más unas letras naturales e improvisadas? Puedes irte a otro libro, donde quizás, el escritor te hablará con mucha profesionalidad, sin ninguna palabra mal sonante, una ortografía perfecta, poca expresividad, un poco de aburrimiento, mucha seriedad... pero luego tiene la mente igual de corrompida que el resto de la sociedad y no se da cuenta.

¡Joder! Nadie se libra de que le hayan comido el tarro. Tenemos la mente con demasiadas imposiciones. Sí podemos ir avanzando y limpiándonos, pero no es tarea fácil. ¿Tú ves que un animal sepa de belleza y discrimine a unos u a otros? Pues tú, digas lo que digas, inconscientemente, lo haces... ¡Mierdas de mentes que nos han ido contaminando con el paso de las generaciones!

¿Cómo debería hacer el final de este libro? ¿Me tengo que preocupar porque sea algo habitual a otros libros, algo bonito o algo que se acerque a mi realidad? ¿Soy duro, me arriesgo a que a la gente no le guste mi libro por el final? ¿Y qué si al final la cago y no les gusta? ¡Qué más da! ¿Qué coño me importa lo que tú pienses de lo que estoy escribiendo ahora? Y lo siento por excluirte, pero es que si me tengo que preocupar para que a ti te guste, me tengo que ir al futuro, a una ilusión, a algo irreal y, por tanto, esto que lees, no sería tan natural, como ya sabes...

Por eso, quiero centrarme en estas letras, disfrutando cada palabra que escribo. Es mi momento, veo como se añade cada letra de este párrafo, veo como se me añade cada instante que ya se me ha esfumado. Logro estar en un presente que no deja de desaparecer para siempre, pero a la vez, hago que estas letras se queden registradas en modo real, en un modo más natural y entonces, decido mirar mi sombra.

Tras contemplarme, veo que estoy vivo. ¡Dios mío, madre mía! He resucitado de entre los muertos. Me cuesta creerlo, me asombro y me emociono. De verdad, antes no vivía. Mi vida era una mierda llena de creencias falsas y limitantes que me hacían cargar un lastre impresionante, no tenía ni puta idea de lo que era caminar rápido, correr, volar, ser natural, ser...

Yo no soy especial, tan solo tengo empatía y mucha compasión por todos los que están jodidos ahora mismo. No quiero que las conexiones neuronales de esas mentes (muerte encefálica, muerte total) desaparezcan, dejen de existir y se pierdan en la eternidad sin haber logrado un mínimo de libertad, vida y felicidad.

Si sabes lo que es estar bien jodido y si también sabes lo que es no poder parar de reír a carcajadas... en esa gran diferencia, seguro que encuentras el mismo sentir, la misma empatía, el mismo pensar...

**Ojalá estas letras sirvan para despertar a los seres que aún duermen.**

**Ojalá estas letras sirvan para muchos jóvenes que son presos de sus mentes manipuladas.**

**Ojalá estas letras sirvan para que vueles y vivas aún más.**

**Ojalá estas letras te hagan consciente de que...**

# LA VIDA SON 2 PUTOS DÍAS.

# AGRADECIMIENTOS

Si trato de pensar en esas personas que me ayudaron a ser libre y a volar, no puedo ver el final, porque esas personas también fueron ayudadas. Porque el sentimiento y el hecho de ayudar, no es de la propia persona en sí. El hecho radica en la acción de haber sido ayudado, una cadena de procesos biológicos, que como especie, tratamos de imitar. A pesar de tener en cuenta que hay grados de empatía, siempre acabo sintiendo la mayor gratitud por algo más grande que se escapa a mi control, no es nuestro Mundo ni el Universo. Se trata de nuestra mejor amiga.

Agradezco, en gran manera, a **Nada**.

A pesar de no entender, sé que sin ti, no hubiera sido posible.

Referencias:

Agradezco también al creador y guionistas; Héctor Lozano, Mercè Sàrrias y Laia Aguilar (Serie Merlí y Merlí Sapere Aude).

Sus letras forman parte de esta obra. Ellos, entre muchos otros autores, amigos y familiares, han sido una gran fuente de inspiración para poder completar este libro impactante, radical, eficaz y útil.

# ACERCA DEL AUTOR

Empezó a dedicarse a la Automoción tras 4 años de estudios. La superación lo llevó a salir de su residencia familiar y estudiar Ingeniería Mecatrónica.

Tras 4 años más de estudios, se dio cuenta que más que pasión, era una posición social que le habían vendido como sueño y felicidad a alcanzar. Obtener ese status social no le daba plenitud, no se aceptaba, no era libre, estaba atado a costumbres de la sociedad y recordando un pasado doloroso, era como si estuviera en un pozo sin fondo.

Más tarde descubrió el poder de la lectura, el desarrollo personal, la meditación, PNL, la asociación positiva, la filosofía... ¡y todo cambió!

A día de hoy, José Montañez se dedica al Emprendimiento Online, Coaching Motivacional, Escritor y labores humanitarias con diversas ONG.

Su lema *Pide Ayuda*, le ha permitido atender más de 2.300 casos de ayuda, muchos con situaciones críticas y todos de manera individual.

"He pasado días y noches enteras ayudando a personas por todo el mundo y con todo tipo de problemas: racismo, ansiedad, homofobia, prostitución, suicidio, amistades, familia, parejas, religión, adicciones, drogas, estudios, estancamiento, trabajo, celos, aceptación, desilusión, impotencia, tristeza, odio, rabia, autoestima, liberación, frustración, propósitos, complejos, enfermedades (sida, cáncer...) y muchísimas cosas más que no logro recordar".

"En el transcurso de estos años, aprendiendo de todos y ayudando a los demás, he logrado salir de una mentalidad pobre, una mentalidad muy encasillada que no me permitía ser libre y feliz. Hoy en día, sigo en ese proceso, me sigo cuestionando toda verdad".

*"Donde está la herida de una persona, allá estará su fortaleza, su don y su luz".*

—José Montañez—

# ¡FELICIDADES!

¡Muchísimas felicidades por haber llegado hasta aquí!

Si este libro ha aportado algo de valor a tu vida, me gustaría pedirte un favor, antes de concluir, que no te llevará más de 2 minutos y es súper importante para mí y los posibles nuevos lectores;

Me encantaría que pudieras dejar una reseña en Amazon, con toda tu transparencia, acerca de lo que te ha aportado o lo que has sentido al leer el libro *LA VIDA SON 2 PUTOS DÍAS*.

Es tan sencillo como acceder a Amazon a través de tu cuenta. En el menú desplegable seleccionas "**Pedidos**".
Cuando aparezca el libro, podrás presionar en "**Escribir una opinión sobre el producto**". Seguidamente, podrás escribir tu reseña y también puedes dejar una foto con el párrafo que más te haya gustado.

¡Ojalá puedas hacerlo! Muchas gracias por tu bondad, estoy deseando leer tu reseña.

Por último, ¿estás interesad@ en que Amazon te notifique cuando vaya a publicar un nuevo libro? Normalmente, cada 1 de enero, publico una nueva obra. Aun así, te explico cómo hacerlo. ¡Es muy sencillo!

Accede a la página de Amazon donde está publicado el libro. Simplemente, presiona "**+ Seguir**". Si no ves el botón, accede al perfil del autor, presionando sobre el nombre.
También puedes enviar un correo a la dirección facilitada escribiendo: *"Quiero recibir información de nuevas publicaciones"*.

**Sigue al autor**

*Cuenta de Instagram:*
**@valesdemasiado**

*Canal de YouTube:*
**VALES DEMASIADO**

*Correo de contacto:*
**info@valesdemasiado.com**

*Página Web:*
**WWW.VALESDEMASIADO.COM**

*— José Montañez —*

**Best Seller en las categorías de *Desarrollo Personal* y *Psicología* (2021).**

Seguramente, estarás harto de leer libros, te motivas unos cuantos días, te pones metas, empiezas muchas cosas, pero luego todo se va a la mierda. Siempre acabas perdiendo la ilusión, el sofá vuelve a ser tu fiel compañero y entras en un bucle de tristeza, cansancio y aburrimiento, del cual no sabes cómo salir ni te acuerdas de cómo empezó.

Este libro, no solo pretende motivarte en gran manera, sino abrirte los ojos y profundizar en tu inconsciente mediante retos. Así, tú mismo, te quitarás la basura y la tremenda carga que tienes encima, la cual te impide levantarte y llegar a dónde quieres. La vida se te esfuma. *¡ESPABILA!*

ESPABILA DE UNA PUTA VEZ
Un desafío incómodo y doloroso que marcará tu vida.
ISBN: 979-85-7997-588-1